JN055327

相続調停

編著　松原正明
　　　常岡史子

著者　青竹美佳
　　　浦木厚利
　　　大森啓子
　　　加藤祐司
　　　近藤ルミ子
　　　佐野みゆき
　　　清水　節
　　　鈴木裕一
　　　竹内　亮
　　　長森　亨

弘文堂

は し が き

　近年、相続に関する紛争が増加し、深刻さも顕著である。本書は、その解決に重要な役割を果たす調停手続の適切な運営に資するための解説を行うものである。本著の特徴は以下の点にある。

① 近年の相続法の重要な改正点を中心に調停手続の指針に解説をする。民法及び家事審判法の一部改正法（平成30年法律72号）により、相続法に極めて重要な改正がなされ、つづいて、相続法に影響を及ぼす民法等の一部改正法（令和3年法律24号）もなされた。これら改正法の解説書は多数出版されているが、本書は、改正法に関する争点を中心に遺産紛争調停の運営の指針を解説するとともに、遺産紛争において従来から重要な争点とされていた点も合わせて解説した。

② 具体的事例を踏まえた設問を設定した上で、調停運営の解説を行う。このような体裁の類書はあるが、本書はこれと異なり、調停における当事者の具体的主張及び反論を想定し、これを踏まえた上での、調停運営の指針を示す。調停はもとよりダイナミックな動きをするものであって、唯一の解決策があるものではないが、適切と思われる調停指針を提示することとした。

③ 本書は、調停委員等の調停を運営する方々を読者として念頭においているが、当事者ないしその代理人として調停に関わる方々にも、調停進行のあり方を理解し、調停における主張・反論を検討する上で資するものがあると考えている。また、これらの方々のうち比較的経験の少ない方には調停進行の指針を示すことによって、適切な調停運営のあり方を考えていただくとともに、判例学説などの法的問題点をより深く知りたい方々には、判例要旨や判文を掲げるなどしてその便宜をはかっている。その意味では、調停について経験の比較的少ない方か

ら、調停に多く関与されてきた方々までを読者として想定している。

　本書は、家事調停手続に練達している複数の執筆者による共著であり、各執筆者の叙述内容にはやや差異があるが、本書刊行の趣旨が以上の点にある点では異なるところはない。

　最後に、本書の刊行に、ご尽力頂いた、弘文堂の高岡俊英氏に謝意を表する。

令和5（2023）年11月

　　　　　　　　　　　　　　　執筆者を代表して

　　　　　　　　　　　　　　　　松　原　正　明

はしがき ……*i*

1. 短期配偶者居住権／松原正明 …… 1

1　甲不動産に対する居住権について

（1）事実関係 …… 1　（2）当事者の主張及び反論 …… 2

（3）考え方 …… 2　（4）調停進行のあり方 …… 4

2. 遺産性／近藤ルミ子 …… 12

1　遺産性の争われる場合（使途不明金問題）…… 12

（1）遺産分割事件の手続における当事者主義的運営 …… 12

（2）事実関係 …… 14　（3）当事者の主張及び反論 …… 14

（4）調整委員会としての考え方 …… 15　（5）調停進行のあり

方 …… 19

2　遺産の貴族が争われる場合 …… 26

（1）相続人が特定の遺産を自分のものであると主張する場合の処

理について …… 26　（2）事実関係 …… 28　（3）当事者の主

張及び反論 …… 28　（4）調停委員会としての考え方 …… 28

（5）調停進行のあり方 …… 31

3　相続権が争われる場合 …… 35

（1）当事者の主張及び反論 …… 35　（2）戸籍上相続人と認め

られる者と被相続人との親子関係が争われる場合の処理について

…… 35

3. 遺産分割の対象財産性／清水 節 …… 37

1　はじめに——遺産と遺産分割の着手阿庄財産との関係 …… 37

2　預金財産 …… 38

（1）事実関係 …… 38　（2）当事者の主張及び反論 …… 38

（3）考え方 ・・・・・・ 38 （4）　調停進行のあり方 ・・・・・・ 40

3　遺産から生じた果実（賃料） ・・・・・・ 41

（1）事実関係 ・・・・・・ 41 （2）当事者の主張及び反論 ・・・・・・ 41

（3）考え方 ・・・・・・ 41 （4）調停進行のあり方 ・・・・・・ 44

4　争議費用の負担 ・・・・・・ 44

（1）事実関係 ・・・・・・ 44 （2）当事者の主張及び反論 ・・・・・・ 45

（3）考え方 ・・・・・・ 45 （4）調停進行のあり方 ・・・・・・ 45

5　遺産分割前に処分された遺産 ・・・・・・ 46

（1）事実関係 ・・・・・・ 46 （2）当事者の主張及び反論 ・・・・・・ 46

（3）考え方 ・・・・・・ 47 （4）調停進行のあり方 ・・・・・・ 53

4. 一部分割—907条／常岡史子 ・・・・・・ 59

1　遺産の一部分割が認められるか ・・・・・・ 60

（1）事実関係 ・・・・・・ 60 （2）当事者の主張及び反論 ・・・・・・ 60

（3）考え方 ・・・・・・ 61 （4）調停進行のあり方 ・・・・・・ 64

2　一部分割調停における調停条項 ・・・・・・ 65

（1）考え方 ・・・・・・ 65 （2）調停条項の内容 ・・・・・・ 65

3　遺産分割以前の一部分割協議の取り扱い ・・・・・・ 66

（2）事実関係 ・・・・・・ 66 （2）当事者の主張及び反論 ・・・・・・ 66

（3）考え方 ・・・・・・ 67 （4）調停進行のあり方 ・・・・・・ 68

5. 相続分の譲渡・放棄／浦木厚利 ・・・・・・ 75

1　相続分の譲渡 ・・・・・・ 75

2　相続分の放棄 ・・・・・・ 80

6. 特別受益／佐野みゆき ⋯⋯ 85

1 生命保険金について ⋯⋯ 85

（1）事実関係 ⋯⋯ 85 （2）当事者の主張及び反論 ⋯⋯ 86

（3）考え方 ⋯⋯ 86 （4）調停進行のあり方 ⋯⋯ 88

2 高等教育の費用について ⋯⋯ 88

（1）事実関係 ⋯⋯ 88 （2）当事者の主張及び反論 ⋯⋯ 89

（3）考え方 ⋯⋯ 89 （4）調停進行のあり方 ⋯⋯ 91

3 持ち戻し免除について ⋯⋯ 92

（1）事実関係 ⋯⋯ 92 （2）当事者の主張及び反論 ⋯⋯ 92

（3）考え方 ⋯⋯ 93 （4）調停進行のあり方 ⋯⋯ 94

4 被相続人が配偶者に居住用不動産を与えた場合

　―903条4項 ⋯⋯ 94

（1）事実関係 ⋯⋯ 94 （2）当事者の主張及び反論 ⋯⋯ 95

（3）考え方 ⋯⋯ 95 （4）調停の進め方 ⋯⋯ 99

7. 寄与分／大森啓子 ⋯⋯ 107

1 家業従事型・金銭出費型 ⋯⋯ 107

（1）事実関係 ⋯⋯ 108 （2）当事者の主張及び反論 ⋯⋯ 108

（3）考え方 ⋯⋯ 109 （4）調停進行のあり方 ⋯⋯ 111

2 療養看護型 ⋯⋯ 118

（1）事実関係 ⋯⋯ 119 （2）当事者の主張及び反論 ⋯⋯ 119

（3）考え方 ⋯⋯ 120 （4）調停進行のあり方 ⋯⋯ 121

3 相続人以外の親族の寄与 ⋯⋯ 126

（1）事実関係 ⋯⋯ 126 （2）当事者の主張及び反論 ⋯⋯ 127

（3）考え方 ⋯⋯ 128 （4）調停進行のあり方 ⋯⋯ 129

8. 分割方法──配偶者居住権／長森 亨 ⋯⋯ 136

1 事実関係 ⋯⋯ 136

2 甲不動産の取扱いについて ⋯⋯ 137

（1）当事者の主張 ⋯⋯ 137 （2）考え方 ⋯⋯ 137 （3）A, B
の主張について ⋯⋯ 138

3 配偶者居住権の解説 ⋯⋯ 139

（1）配偶者居住権制度創設の経緯 ⋯⋯ 139 （2）配偶者居住権
の成立要件 ⋯⋯ 140 （3）配偶者居住権の効力・内容 ⋯⋯ 141
（4）配偶者居住権の評価 ⋯⋯ 143

4 調停の進行 ⋯⋯ 146

（1）段階的調停モデルにおける取扱い ⋯⋯ 146 （2）配偶者居
住権の評価 ⋯⋯ 146 （3）設題の事例の調停進行について
⋯⋯ 148

9. 祭祀財産の承継／加藤祐司 ⋯⋯ 152

1 問題点の整理 ⋯⋯ 153

2 調停によって祭祀財産の承継者を決めることについて ⋯⋯ 154

3 祭祀財産の承継者を決める調停の当事者について ⋯⋯ 156

（1）事実関係 ⋯⋯ 156 （2）調停進行のあり方 ⋯⋯ 156

4 祭祀財産の承継者を決める方法，基準 ⋯⋯ 157

（1）事実関係 ⋯⋯ 157 （2）当事者の主張及び反論 ⋯⋯ 158
（3）前提として検討しておくべき点 ⋯⋯ 159 （4）祭祀財産の
承継者（取得者）決定方法 ⋯⋯ 163 （5）家庭裁判所による祭祀
財産の承継者（取得者）の判断基準 ⋯⋯ 164 （6）事例について
の考え方 ⋯⋯ 166 （6）調停進行のあり方 ⋯⋯ 169 （7）分骨
について ⋯⋯ 171

10. 遺留分調停／青竹美佳 ⋯⋯ 187

1 遺留分侵害額請求権の消滅時効について ⋯⋯ ●

(1) 事実関係 ⋯⋯ 188　(2) 当事者の主張及び反論 ⋯⋯ 188

(3) 考え方 ⋯⋯ 189　(4) 調停進行のあり方 ⋯⋯ 192

2 遺留分侵害額の争い ⋯⋯ 193

(1) 事実関係 ⋯⋯ 193　(2) 当事者の主張及び反論 ⋯⋯ 194

(3) 考え方 ⋯⋯ 194　(4) 調停進行のあり方 ⋯⋯ 196

3 遺産分割協議が成立している場合の遺留分侵害額の算定方法

⋯⋯ 196

(1) 事実関係 ⋯⋯ 196　(2) 当事者の主張及び反論 ⋯⋯ 197

(3) 考え方 ⋯⋯ 197　(4) 調停進行のあり方 ⋯⋯ 200

11. 相続法改正を中心とした遺産分割紛争調停のあり方／鈴木裕一 ⋯⋯ 209

1 調停記事の不出頭当事者への出頭勧告と以降調査の実務

⋯⋯ 209

(1) 不出頭当事者に対する家庭裁判所の対応 ⋯⋯ 209

(2) 遺産分割調停事件における出頭勧告・意向調査の附帯的方法

⋯⋯ 210　(3) 調査官による出頭勧告書の例文 ⋯⋯ 211

2 調整活動の実務 ⋯⋯ 212

(1) 調査官が行う調整活動 ⋯⋯ 212　(2) 調整活動の事例

⋯⋯ 213

3 家庭裁判所が行う履行勧告の実務 ⋯⋯ 215

(1) 家庭裁判所の履行勧告 ⋯⋯ 215　(2) 調査官の履行勧告の

実務 ⋯⋯ 217　(3) 履行勧告書の本文例(代償金の支払いの場合)

⋯⋯ 219　(4) 権利者への連絡所の本文例(金銭の支払いの場合)

⋯⋯ 219

4　家庭裁判所調査官について ‥‥‥ 220

5　遺産分割調停事件におけるその他の調査官関与 ‥‥‥ 222

（1）手続選別 ‥‥‥ 222　（2）調停期日出席 ‥‥‥ 223　（3）寄
与分の調査 ‥‥‥ 223　（4）各寄与分類型の調査 ‥‥‥ 225
（5）特別受益の調査 ‥‥‥ 229

12. 相続開始後 10 年が経過した遺産分割等／
竹内 亮 ‥‥‥ 231

1　具体的相続分による遺産分割の時的限界について ‥‥‥ 231

（1）事実関係 ‥‥‥ 231　（2）当事者の主張 ‥‥‥ 232
（3）考え方 ‥‥‥ 232　（4）調停進行のあり方 ‥‥‥ 234

2　具体的相続分による遺産分割の時的限界の説明 ‥‥‥ 235

（1）所有者不明土地と遺産分割 ‥‥‥ 235　（2）法定相続分（指定
相続分）と具体的相続分 ‥‥‥ 236　（3）特別受益と寄与分をめぐ
る争い ‥‥‥ 237　（4）具体的相続分による遺産分割の時的限界の
内容 ‥‥‥ 237　（5）調停または審判の取下げの制限 ‥‥‥ 239
（6）期間制限についての猶予期間 ‥‥‥ 240　（7）10年経過後に
相続放棄があった場合等 ‥‥‥ 242　（8）共同相続人間の合意に
よる期間制限の修正 ‥‥‥ 242

3　令和 3 年改正民法・改正不動産登記法，相続土地国庫帰属法
　　‥‥‥ 243

（1）改正等の全体像の概要 ‥‥‥ 243　（2）遺産共有関係の共有
物分割における一元的処理 ‥‥‥ 243　（3）遺産分割の共有物
分割 ‥‥‥ 243　（4）一元的処置の手続 ‥‥‥ 244

1

短期配偶者居住権

松原正明

事案例 Xは，令和5（2023）年9月1日に死亡した。Xの相続人は，妻A，子B，C及びDである。

Xの遺産は，甲不動産（土地建物，評価額：3,000万円）及び預貯金及び株式等の金融資産（合計5,000万円）である。遺言書はない。相続人間に遺産の分割についての意見が異なっているため，Bが他の相続人を相手に遺産分割調停を申立てた。調停において，当事者から次のように主張がなされ，これに対する反論がある。調停委員としては，当事者の主張及び反論をどのように理解整理し，調停の進行を図るべきでしょうか。

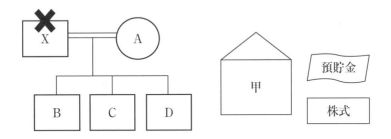

1　甲不動産に対する居住権について

（1）　事実関係

　Xは，死亡するまで，妻Aと甲建物に居住していました。Bは，令和2年ころ，離婚を契機に，子を連れて，甲建物に住むようになりま

した。AとBは，それぞれ別の部屋で生活しています。

（2） 当事者の主張及び反論

（ア）Cの主張

遺産分割が終わるまでの相当の時間がかかるが，それまでの間，A
とBは賃料も払わずに，甲建物に住んでいるのは納得がいきません。
私は賃貸住宅に住んでいて，賃料を支払っているのに不公平です。二
人とも出て行くか，少なくとも賃料を支払って下さい。

（イ）Aの反論

夫とともに甲建物に住んで生活してきたのだから，いまさらこの生
活を変えたくないので，今後も甲建物で生活したい。だから，今，こ
こから立ち退いて，また遺産分割後に住むことなど考えられない。ま
た，家賃を払う余裕はない。

（ウ）Bの反論

子もいるので，できれば，遺産分割後もAと一緒に甲建物で生活し
たい。それが認められないのであれば，遺産をもらって出て行かざる
を得ないと思う。しかし，今は，生活に余裕がないので，家賃を払う
余裕はない。

（3） 考え方

（ア）Aについて

結論：Aは，民法1037条1項1号により，遺産分割が終了するまで，
甲建物に無償で居住することができます**（注1）**。Cの主張は認
められません。

理由：これまで，遺産の分割が終了するまで，相続人が遺産である建
物に居住することができるかという問題がありましたが，平成
30年の相続法の改正により，被相続人死亡後の配偶者の保護を
図るために，配偶者に居住する権利が認められました。すなわ
ち，被相続人の配偶者は，被相続人の死亡時 (相続開始時) まで，

遺産である建物に居住していた場合には，遺産分割の終了まで，無償でその建物に居住することができることになりました。この権利は配偶者短期居住権と呼ばれます（なお，遺産分割によって配偶者が遺産建物に居住することができる権利は配偶者居住権と呼ばれて区別されます）。

　Aは，Xの死亡時まで，Xと甲建物で同居していたのですから，遺留分割の終了まで，無償で，甲建物に居住することができます。また，仮に，相続開始の時から，6か月以内に，遺産分割により，CまたはDが甲建物を取得した場合であっても，Aは，相続開始の時から6か月を経過するまでは，無償で甲建物に居住することができます。

　（イ）Bについて

結論：XがBを甲建物に居住して生活することを認めていたのですから，Bは遺産分割の終了するまで甲建物に無償で居住することができると考えられます。

理由：Bについては，被相続人Xの妻であるAに認められた配偶者短期居住権のような権利は民法上認められていません。したがって，Bは甲建物から退去しなければならないのではないかとも考えられます。この点については，平成30年の民法の一部改正により配偶者短期居住権が創設される前から問題とされてきました。いろいろな考え方があったのですが，最高裁判所は，共同相続人（この共同相続人は配偶者に限られません）が相続開始前から被相続人の承諾を得て，遺産建物で被相続人と同居してきたときは，原則として，被相続人とその相続人との間に，相続開始時を始期とし，遺産分割時を終期とする使用貸借契約が成立していたと推認することによって，その相続人は，遺産分割が終了するまで賃料を払うことなく遺産建物に居住することができるとしました**（注2）**。したがって，Bは，甲建物に居住して生活することができることになります。もっとも，Xが，離婚後の生活が不安定なBを慮って，当初はその同居を認めてい

たとしても，その後何らかの事情の変化によって，Bに退去を求めていたような事情がある場合には，無償で建物を使用する権利が認められないこともありましょう。

　また，Bに甲建物に無償で居住する使用貸借契約が認められない場合であっても，Bには，相続人としての権利があり，それには遺産を使用する権利も含まれます。すなわち，遺産分割までは，甲建物は相続人全員の共有物であり，共有者である各相続人が，共有物である甲建物の全部について，その持ち分に応じた使用をすることができるとされています（民249条）。Bは，甲建物について，相続分割合として6分の1の共有持分を有し，他の相続人の共有持分の合計は6分の5ですから，Bは少数持分権者ということになりますが，これまで，最高裁は，少数持分権者であっても，他の相続人からの退去請求には，当然には，応じなくともよいと判示していました（**注3**）。しかし，令和3年法律第24号（令和3年4月21日成立，同月28日公布，令和5年4月1日施行）による民法の一部改正後の民法252条1項では，各共有者の持分の価格に従って，過半数で，共有物を使用する共有者に対して，立退を求めることができることになりました。Bの法定相続分は6分の1（2分の1×3分の1）ですから，他の共同相続人全員は立退きを求めることができます（**注5**）。もっとも，被相続人の死亡まで同居して生活してきたAがBの立退きに賛成しない可能性は十分あるでしょう。ただし，Bは，居住が認められる場合には，他の相続人に居住の対価である償金（通常は家賃相当額）を支払う必要があります（民249条2項）。

（**4**）　調停進行のあり方

（ア）Aについて

Aは，民法により，遺産分割の終了まで，甲建物に居住する配偶者

短期居住権が認められているのですから，Ｃに対し，その主張が認められないことを告げて，調停進行を図るべきでしょう。

（イ）Ｂについて

Ｂは，Ｘが甲建物に居住することを認めていたのであれば，ＸとＢとの間に使用貸借契約が推認され，遺産分割の終了まで，甲建物に居住することができるのですから，遺産分割調停において，そのような事情の有無を確認する必要があります。その存否によって，Ｂが居住することができるか否かを判断して，調停進行を図るべきでしょう。しかし，使用貸借契約の有無について，ＢとＣの意見が対立して，双方に納得が得られないことも考えられます。この問題は，遺産分割調停に付随する問題にすぎず，遺産分割の前提問題ではないので，遺産分割の審判手続で判断できる問題ではありません。したがって，Ｃにその趣旨を伝えて，調停手続以外の解決方法，たとえばＢに対する甲建物からの退去請求訴訟あるいは賃料相当の損害金の支払い請求訴訟を提起して，問題を解決すべき旨を示唆することも考えられます。しかし，訴訟提起には相当の経済的負担が生ずること，加えて，賃料相当の損害金といっても，Ｂは甲建物の一室に居住しているのであれば，さほどの額にはならないように思われます。そのような事情をＣに説明して，遺産分割手続を早期に解決するべく，遺産分割の手続を進行させることも考えられましょう。いずれにせよ，この問題についていたずらに調停期日を重ねるべきではありません。

（注1）

配偶者短期居住権制度の解説

（1）配偶者短期居住権制度創設の経緯

　相続法制の見直しの関する「民法及び家事事件手続法の一部を改正する法律」（平成30年法律第72号）が，平成30年7月6日に成立し，同月13日に公布されました。この改正の趣旨は多岐にわたりますが，その一つとして，配偶者の保護を図るために，被相続人死亡後の生存配偶者の短期居住権の制度が創設されました。

　配偶者短期居住権は，遺産分割が終了するまで，遺産である建物に居住していた残存配偶者の居住権を保障しようとするものです。この制度が創設された経緯は，最高裁判例（最判平成8年12月17日→（注2））により，相続人である配偶者（妻）が被相続人（死亡した夫）の許諾を得て被相続人所有の建物に同居していた場合には，被相続人と相続人である配偶者との間で，相続開始時を始期とし，遺産分割時を終期とする使用貸借契約が成立していたものと推認されるとしていました。その結果，この要件に該当する限り，相続人である配偶者は，遺産分割が終了するまでの間の短期的な居住が確保されます。しかし，この判例は，当事者間の合理的意思解釈に基づいているので，被相続人が明確にこれとは異なる意思を表示していた場合等には，配偶者の居住権が短期的にも保護されない事態が生じます。たとえば，被相続人が配偶者の居住建物を第三者に遺贈した場合には，被相続人の死亡によって建物の所有権を取得した当該第三者からの退去請求を拒否することはできません。したがって，これらの問題点を解消して，生存配偶者の保護を全うするために，今回の相続法改正によって，配偶者短期居住権が創設されました。

（2）配偶者短期居住権の概要

　配偶者短期居住権は，民法第 5 編相続，第 8 章配偶者の居住の権利，第 2 節配偶者短期居住権（民 1037 条から民 1041 条）に規定されています。

　その概要は以下のとおりです。

（ア）成立要件

① 被相続人の配偶者であること（法律上の婚姻をしていた者）（民 1037 条 1 項本文）

② 相続開始の時（被相続人の死亡時）に被相続人が所有する建物（共有持分を有する場合も含む）に無償で居住していたこと（民 1037 条 1 項本文）

③ 配偶者が，相続開始の時において居住建物に係る配偶者居住権を取得しないとき，または民法 891 条の規定に該当し，もしくは廃除によってその相続権を失っていないとき（民 1037 条 1 項ただし書）

（イ）効力

① 配偶者には建物の使用権限はあるが，収益権限はありません（民法 1037 条 1 項本文，1038 条）。第三者に賃貸することはできません。

② 配偶者短期居住権は譲渡することができません（民 1041 条による 1032 条の準用）。

（ウ）消滅

　配偶者短期居住権は，①遺産の分割により居住建物の帰属が確定した日又は相続開始の時から 6 か月を経過する日のいずれか遅い日（民 1037 条 1 項 1 号），②配偶者が死亡したとき（民 1041 条による民 616 条の 2 の準用）などに消滅します。

（注2）
annotation

共同相続人の一人が相続開始前から被相続人の許諾を得て遺産である建物において被相続人と同居してきたときは，特段の事情のない限

り，被相続人と右の相続人との間において，相続開始時を始期とし，遺産分割時を終期とする使用貸借契約が成立していたものと推認する。

最判平成8年12月17日民集50巻10号2778頁

　共同相続人の一人が相続開始前から被相続人の許諾を得て遺産である建物において被相続人と同居してきたときは，特段の事情のない限り，被相続人と右同居の相続人との間において，被相続人が死亡し相続が開始した後も，遺産分割により右建物の所有関係が最終的に確定するまでの間は，引き続き右同居の相続人にこれを無償で使用させる旨の合意があったものと推認されるのであって，被相続人が死亡した場合は，この時から少なくとも遺産分割終了までの間は，被相続人の地位を承継した他の相続人等が貸主となり，右同居の相続人を借主とする右建物の使用貸借契約関係が存続することになるものというべきである。けだし，建物が右同居の相続人の居住の場であり，同人の居住が被相続人の許諾に基づくものであったことからすると，遺産分割までは同居の相続人に建物全部の使用権原を与えて相続開始前と同一の態様における無償による使用を認めることが，被相続人及び同居の相続人の通常の意思に合致するといえるからである。

（注3）　annotation

共有物の持分の価格が過半数をこえる者は，共有物を単独で占有する他の共有者に対し，当然には，その占有する共有物の明渡を請求することができない。

最判昭和41年5月19日民集20巻5号947頁

　思うに，共同相続に基づく共有者の一人であって，その持分の価格が共有物の価格の過半数に満たない者（以下単に少数持分権者という）

は，他の共有者の協議を経ないで当然に共有物（本件建物）な単独で占有する権原を有するものでないことは，原判決の説示するとおりであるが，他方，他のすべての相続人らがその共有持分を合計すると，その価格が共有物の価格の過半数をこえるからといつて（以下このような共有持分権者を多数持分権者という），共有物を現に占有する前記少数持分権者に対し，当然にその明渡を請求することができるものではない。けだし，このような場合，右の少数持分権者は自己の持分によって，共有物を使用収益する権原を有し，これに基づいて共有物を占有するものと認められるからである。従って，この場合，多数持分権者が少数持分権者に対して共有物の明渡を求めることができるためには，その明渡を求める理由を主張し立証しなければならないのである。

しかるに，今本件についてみるに，原審の認定したところによればAの死亡により被上告人らおよび上告人にて共同相続し，本件建物について，被上告人Bが3分の1，その余の被上告人7名および上告人が各12分の1ずつの持分を有し，上告人は現に右建物に居住してこれを占有しているというのであるが，多数持分権者である被上告人らが上告人に対してその占有する右建物の明渡を求める理由については，被上告人らにおいて何等の主張ならびに立証をなさないから，被上告人らのこの点の請求は失当というべく，従つて，この点の論旨は理由があるものといわなければならない。

判例の解説

この判例の趣旨は少しわかりにくいところがあります。少数株主権者といえども，「共有物全部について，その持分に応じた使用をすることができる」（改正前民249条）ことから，多数持分権者は共有物の明渡を求める場合には，「明渡を求める理由」を主張立証しなければならないと判示していましたが，その「明渡を求める理由」がどのような事由をいうのかが，明確でありませんでした。さらに，この判例の趣旨と，注5に記載した，「各共有者の持分の価格に従っ

て，過半数で，共有物を使用する共有者に対して，立退を求めることができる」とする改正民法252条1項との関係も問題となります。両者は相容れないとする考えもありますが，両者は矛盾しないと考える立場（法務省事務当局はこの立場です）もあります。後者の立場からすると，改正民法252条1項の「持分価格の過半数による決定」が，この「明渡を求める理由」に該当することになると思われます。

（注4） annotation

以下に改正条文を示します。下線部は改正された部分です。

1　改正前民法252条

「共有物の管理に関する事項は，前条の場合を除き，各共有者の持分の価格に従い，その過半数で決する。ただし，保存行為は，各共有者がすることができる」

2　改正民法252条

1項

「共有物の管理に関する事項（次条第1項に規定する共有物の管理者の選任及び解任を含み，共有物に前条第1項に規定する変更を加えるものを除く。事項において同じ。）は，各共有者の持分の価格に従い，その過半数で決する。共有物を使用する共有者があるときも同様とする。」

「共有物を使用する共有者があるときも同様とする。」との文言からすると，共有物を使用する共有者がある場合であっても，過半数の持分を有する共有者の合意によって，その使用を中止させ，立退を求めることができると思われます。

2項ないし4項省略

5項

「各共有者は，前各項の規定にかかわらず，保存行為をすることができる。」

3 改正民法249条2項

「共有物を使用する共有者は，使用の対価を償還する義務を負う。」

なお，この条文は，注4で述べた最判平成12年4月7日集民198号1頁の考え方と同じですが，これを明文で規定したことになります。

(注5)　　　　　　　　　　　　　　　　　　　　annotation

ここで問題となる共有物である遺産の共有持分については，明文の規定はありませんでした。この点については，民法900条から902条までの規定により算定される法定相続分（相続分の指定がある場合には指定相続分）と考えるか，あるいは，民法900条から904条の2までの規定により法定相続分及び指定相続分を修正して算定される具体的相続分と考えるかで争いがありました。後者の考え方によると，遺産分割が終了するまでは具体的相続分が確定しないことから，遺産分割終了の争いには対応できないという欠点があります。令和3年の改正民法898条2項では，法定相続分ないし指定相続分によることとされ，前者の考え方によることが明文化されました。

改正民法898条2項

「相続財産について共有に関する規定を適用するときは，第900条から第902条までの規定により算定した相続分をもって各相続人の共有持分とする」

2

遺産性

近藤ルミ子

事案例 被相続人 X は，令和 4（2022）年 3 月 30 日死亡した。相続人は，長男 A と二男 B である。X の遺産は不動産と銀行預金であり，遺言書は残されていない。遺産分割の対象財産等について A，B 間に意見の対立があり，B は，A を相手方として遺産分割調停事件の申立てをした。調停手続きにおける A，B の主張・反論について，調停委員としてどのように理解し，整理して調停進行を図るべきであろうか。

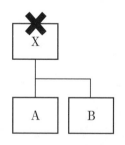

1　遺産の存在が争われる場合（使途不明金問題）

（1）　遺産分割事件の手続における当事者主義的運営

（ア）当事者の手続協力義務と事案解明義務

　家事事件は，その公益性，後見性から，職権主義のもとに手続が進行し，遺産分割事件もその例外ではありません。しかし，遺産の存在や寄与分・特別受益を基礎づける事実等の解明について職権探知主義

を貫くとすれば，裁判所が問題となる事項の資料収集等をすべてその責任において行うことが求められ，迅速で適切な手続進行は極めて困難となります。財産的な利害の対立を中心としたいわゆる経済事件である遺産分割事件においては，手続保障を確保した上で，当事者に主体的地位を与えることがより適切な手続進行に繋がるとの考えのもと，調停，審判いずれの手続においても，当事者主義的な運営が定着しています。すなわち，主張・立証の機会の十分な確保を前提として，当事者に手続協力義務と事案解明義務を負わせることにより，その責任において，争点に関係する適切な資料の収集と適時の提出を行わせ，迅速で適正な手続進行の実現が図られているのです（田中寿生他「遺産分割事件の運営（上）東京家庭裁判所家事第5部（遺産分割専門部）における遺産分割事件の運用」〔判タ1373号57頁〕）。なお，当事者に手続協力義務，事案解明義務があることを示した裁判例として，東京高決平成5年7月28日家月46巻12号37頁，熊本家審平成10年3月11日家月50巻9号134頁）**（注1）**。

　家事事件手続法2条は，家事事件の手続における裁判所と当事者の責務を規定しています。この規定は，裁判所と当事者の一般的な責務を定めたものであり，当事者に手続上の具体的義務を負わせてはいませんが，職権探知主義のもとにおいても，当事者が積極的に資料を提出するなどして手続進行に関与することによって，迅速かつ適正な手続運営が実現されることを前提とするものです。そして，ここから導き出される当事者の具体的責務として，当事者の事実の調査及び証拠調べへの協力（家事56条2項・258条1項），出頭命令や文書提出命令に従わない場合の過料の制裁（家事51条3項・64条3項4項6項・258条1項）等が定められています。これらの規定は，職権主義の下においても手続の当事者主義的な運営が矛盾なく実現し得ることを示しているといえるでしょう。

（イ）当事者の合意の重要性

　職権探知主義のもとでは，本来，当事者の合意の有無にかかわらず，

裁判所が争点となる事実関係を解明し，判断することが必要ですが，遺産分割事件の手続においては，争点の多くについて当事者の合意を尊重し，それが不相当なものでない限り，合意内容に基づきその積み重ねによって手続を進行させています（小田正二他『東京家庭裁判所家事5部における遺産分割事件の運用』判タ1418号11頁）。しかし，遺産分割事件の手続は，あくまでも職権主義の下に進行していますから，裁判所が合意と異なる事実を認定する余地は常にあり，合意を尊重する手続運営は訴訟手続における弁論主義とは異なります。

当事者の合意に基づく手続の進行について，最高裁判所は，共同相続人全員によって売却された遺産である不動産の売却代金について，これを一括して共同相続人の一人に保管させて遺産分割の対象に含める合意をするなどの特別の事情のある場合には，遺産分割の対象となる旨を示しています（最判昭和54年2月22日裁判民事126号129頁）**（注2)**。また，遺産分割手続においては，当事者が任意に処分できる事項について当事者全員の合意がある場合に，これを前提として審判をすることができるとした裁判例もあります（名古屋高決平成12年4月19日家月52巻10号90頁）**（注3)**。

（2） 事実関係

Xは，平成25年に自宅を売却し，そのころからAと同居して生活しており，自宅の売却代金3,000万円は自分名義の預金としていた。

（3） 当事者の主張及び反論

（ア）Bの主張

Xの死亡後，Aから遺産は不動産（別荘の土地・建物，評価額500万円）と残高が35万円の預金のみであるとの説明を受けたが，預金残高があまりに少なく納得がいかない。Xは倹約家であり，生活費は年金で賄っていたので，預金はほとんど残っているはずである。Aが使ったのであれば，遺産分割の対象としてほしい。預金の使途の調査につい

て A が非協力なので，X と A の預金の取引経過について家庭裁判所
で調べてほしい。

（イ）A の反論

　預金は，X が管理していた。X の依頼に応じて預金を払い戻したが，
払戻金はすべて X に渡しており，私が勝手に使ったことはない。X が
何に使ったかは知らない。私が使ったことを疑うのであれば，B が自
分で調べて資料を出してほしい。

（4）調停委員会としての考え方

結論：（ア）X の生前に払い戻されてしまった預金債権は，遺産では
　　　　なく，分割の対象になりません。また，A が預金を勝手に払い
　　　　戻した場合であっても，X の A に対する不当利得返還請求権ま
　　　　たは不法行為に基づく損害賠償請求権は，可分債権であり，相
　　　　続開始と同時に相続分に応じて当然分割されていますから，こ
　　　　れも分割対象になりません。しかし，A，B 間に合意が成立す
　　　　れば，預金の払戻額を遺産分割の対象に取り込むことは可能で
　　　　す。合意が得られない場合は，払い戻された預金に係る問題は
　　　　民事訴訟手続によって解決することとし，現存する遺産を分割
　　　　の対象として調停を継続することになります。

　　　　（イ）通常，調停手続において，裁判所が被相続人名義の預金の
　　　　取引経過を職権で調査をすることはありません。また，裁判所
　　　　は，被相続人名義の預金の使途解明のために，相続人名義の預
　　　　貯金口座や取引経過の開示を求めて金融機関に調査嘱託をする
　　　　こともありません。X 名義の預金の取引経過に関する資料につ
　　　　いては，預金通帳等を保管していると考えられる A の提出を促
　　　　し，A の協力を得られない場合は，弁護士照会によって，銀行
　　　　に取引経過を開示してもらうことになります。

理由：（ア）遺産分割の対象となる遺産は，①相続開始時に存在し，②
　　　　分割時にも存在する③未分割の④積極財産であり，これに該当

しない財産は，被相続人の遺産であっても，本来，遺産分割の対象とはなりません。

　遺産分割事件では，しばしば，相続開始の前あるいは後に払い戻された被相続人名義の預貯金について，払戻金の使途が不明であるとの主張がなされます（いわゆる使途不明金問題）。

　使途不明金問題のうち，共同相続人の一人（または数人）が，被相続人の生前に被相続人名義の預金を勝手に払い戻した場合，相続開始時に存在しているのは払戻し後の預金ですから，既に存在しない預金は，①の要件を欠き，遺産分割の対象にはなりません。

　相続人の無断払戻しによって，被相続人は当該相続人に対して不当利得返還請求権または不法行為に基づく損害賠償請求権を取得することになりますが，不当利得返還請求権や損害賠償請求権といった金銭債権（可分債権）が遺産分割の対象となるか否かについては，考え方が分かれています（松原正明『全訂第2版判例先例相続法Ⅱ』〔日本加除出版・2022年〕286頁〜292頁参照）。この問題について，最高裁判所は，相続財産の中の金銭債権その他の可分債権は，法律上当然に分割され，各共同相続人がその相続分に応じて権利を承継するとしていますから（最判昭和29年4月8日民集8巻4号819頁（**注4**）。なお，預貯金債権については，最決平成28年12月19日民集70巻8号2121頁，最判平成29年4月6日裁判集民事255号129頁（**注5**）），これらも遺産分割の対象になりません（**注6**）。

　払い戻されてしまった預金債権の遺産性や不当利得返還請求権等に関する争いは，遺産分割に付随する問題であり，本来，民事訴訟手続で解決すべき事項です。しかし，払い戻されてしまった預貯金債権等の遺産分割の対象にならない財産であっても，相続人全員の合意があれば，遺産分割の調停・審判の手続において分割対象に取り込むことができます（項目1（1）

(イ) 参照)。本件で A が X 名義の預金の払戻金額を遺産分割の対象とすることを了解した場合は，①A が払戻金を既に取得したものとして具体的相続分を計算する，②払戻金が存在するとしてこれを遺産分割の対象に含める，③A に払戻金額の特別受益があるとして具体的相続分を計算する，のいずれかで合意を成立させて遺産分割を行うことが考えられます（東京家庭裁判所家事第 5 部『東京家庭裁判所家事第 5 部（遺産分割部）における相続法改正を踏まえた新たな実務運用』〔日本加除出版・2019〕16 頁）。

　使途不明金問題は，遺産分割事件に付随する問題の中でも調停を長期化させる原因の一つとされています（片岡武＝管野眞一編著『第 4 版 家庭裁判所における遺産分割・遺留分の実務』〔日本加除出版・2021〕75 頁, 76 頁）。調停委員会としては，前記のような合意に向けた調整を行い，当事者間の不公平が是正されるよう努める必要がありますが，無断払戻しをしたとされる相続人が合意を拒否する場合は，民事訴訟による解決に委ねるほかありません。本件では，A が預金を払い戻したのは X の依頼によるとして払戻金の利得を否定していますから，ある程度の期日を重ねても A・B 間で前記の合意を成立させることが難しい場合は，現存する遺産（不動産及び残金 35 万円の預金）を分割の対象として調停を進めることになります。**(注 7)**。

（イ）項目 1 （1）（ア）記載のとおり，遺産分割事件では，手続保障を前提として当事者に手続協力義務と事実解明義務を負わせ，その責任において必要な資料の収集と提出を行わせる当事者主義的な手続運営がされていますから，通常，調停手続において，裁判所が資料収集のために職権で調査等を行うことはありません。また，B が A の預金についても取引経過を明らかにしてほしいと考える目的は，X の預金の使途解明にありますが，遺産分割の調停手続きは，被相続人の預金の使途を解明するための手続ではありませんので，裁判所が銀行に対し相続人

の預金口座や取引経過について調査嘱託をすることもありません（前掲・片岡＝管野56頁）。

Bは，相続開始時にX名義の預金がほぼ全額残っていたはずであるとして，これを遺産分割の対象とすることを望んでいますから，X名義の預金口座に係る金融機関名・支店名，預金の種類，口座番号等を特定した上で，預金の取引経過等を基に払戻額等を明らかにする必要があります。しかし，このような事実を明らかにするために必要な預金通帳等の資料は，Xと同居していたAが保管していると思われますので，調停委員会としては，まず，Aに対し，預金の取引経過や払戻金の使途に関する資料を提出するよう説得することが考えられます。預金通帳等の所在が不明であるなどの理由でAの協力が得られない場合は，弁護士法23条の2による弁護士照会を利用し，銀行に預金の取引経過の開示を求めることができます。なお，金融機関によって対応は異なるようですが，B自身が銀行に対して相続人であることを示す資料（戸籍謄本等）を提示し，預金の取引経過に係る資料の開示を求めることも可能です。

預金口座の取引経過の開示について，最高裁判所は，預金者の共同相続人の一人は，預金者の死亡によって共同相続人全員に帰属することになった預金契約上の地位に基づき，被相続人名義の預金口座の取引経過の開示を求める権利を単独で行使することができるとしています（最判平成21年1月22日民集63巻1号228頁（注8））。この判例は，預金契約が解約されずに存続している限り，金融機関は，預金契約に基づいて，預金者の求めに応じ口座の取引経過を開示すべき義務（取引経過開示義務・預金者の取引経過開示請求権）を負うと判断した上で，預金者が死亡した場合の共同相続人の一人による取引経過開示請求権の単独行使を認めたものであり，相続開始時に既に解約されている預貯金の取引経過開示義務を認めるものではありません（注9）。

（５） 調停進行のあり方

（ア）B について

調停委員会は，まず，Bに対し，払い戻されてしまった預金債権やXのAに対する不当利得返還請求権または不法行為に基づく損害賠償請求権は，遺産分割の対象ではなく，使途不明金問題は民事訴訟事項であることを説明すべきです。そして，遺産分割事件は当事者が主体的に主張し，資料の提出を行うべきことについて説明をした上で，合意に向けた調整の土台となるBの主張内容の具体性や裏付資料の有無を確認することが重要です。

本件では，Aが払戻行為を認めているので，Aが払戻金を利得しているか否かが争点になります。したがって，利得の有無に関するAの意向を確認し，A，Bの主張内容の問題点を指摘してそれぞれの説明を受けながら，合意の可能性を探る必要があります。

しかし，払い戻された預金債権は，本来，遺産分割の対象ではありませんから，Aが利得を認めない場合には，合意のための調整に必要以上の時間を費やすことは問題です。合意の可能性がないことが明らかになった段階で使途不明金問題を打ち切り，払い戻された預金債権を除く財産を分割対象として調停を進めるべきです（東京家庭裁判所家事第5部『東京家庭裁判所家事第5部（遺産分割部）における相続法改正を踏まえた新たな実務運用』〔日本加除出版・2019〕23頁，24頁参照）。使途不明金問題が合意によって解決できるか否かの見極めをつける時期については，事案に応じて考えていくべき問題ですが，実務では，使途不明金問題を含む付随問題に関する話し合いを概ね3回の期日で終了させるのが相当と考えられているようです（前掲・片岡＝菅野76頁）。

（イ）A について

遺産に関する資料を保管しているか，少なくとも探すことが容易な立場にあるAに対し，当事者としての手続上の義務を説明した上で，遺産分割の対象を特定するために必要な資料としてX名義の預金通帳等を速やかに提出するよう告げるべきでしょう。

また，Ａが払戻行為を認めていることから，払戻金額の多寡や預金残高が減少していく状況についてどのように理解していたか，払戻しの依頼を受ける際，あるいは払戻金を渡す際にＸとの間で交わされた会話内容等について説明を受け，Ｂの主張や資料を踏まえて問題点を指摘してさらに説明を受ける中で，使途不明金問題をどのように処理すべきか考えていく必要があります。Ａの説明内容にＢが納得すれば，民事訴訟での解決も必要がなくなりますが，預金の払戻金の使途が不明でＢの納得が得られず，Ａが合意を拒否するのであれば，使途不明金問題は民事訴訟での解決が必要となり，遺産分割調停は，現存する遺産のみを分割対象として手続を進めることになります。

注釈 annotation

（注１）
annotation

　当事者が，調停・審判の期日に出頭せず，その主張を明らかにし資料を提出するなど公平迅速な審判により妥当な結論を得るために当事者が協力すべきであると考えられる行為を何もしなかった場合には，自己の尽くすべき手続き上の義務を尽くしたとはいえず，審判の結論がその不利益に結果したとしても，これを甘受すべきである。

東京高決平成５年７月28日家月46巻12号37頁

　遺産分割事件は，相続財産の分配という私益の優先する手続であり，司法的関与の補充性が要請される性質を有するところ，特に遺産の特定については家事審判規則104条の趣旨から当事者主義的審理に親しむ事項であり，遺産分割事件の当事者は当事者権の実質的保障を受けて主体としての地位を認められる反面として，手続協力義務ないし事案解明義務を負うものと解することができる。

熊本家審平成 10 年 3 月 11 日家月 50 巻 9 号 134 頁

（注 2）　　　　　　　　　　　　　　　　　　annotation

　共同相続人全員の合意によって売却された遺産である不動産の売却代金は，これを一括して共同相続人の一人に保管させて遺産分割の対象に含める合意をするなどの特別の事情のない限り，相続財産には加えられず，共同相続人が各持分に応じて個々にこれを分割取得すべきものである。

最判昭和 54 年 2 月 22 日裁判集民事 126 号 129 頁

（注 3）　　　　　　　　　　　　　　　　　　annotation

　遺産分割の調停期日において，当事者の任意に処分できる事項について当事者全員が合意し，当事者全員が審判期日においてもなおその合意を維持する場合は，合意に相当性がない等の特段の事情がない限り，合意を前提に審判をすることができる。

名古屋高決平成 12 年 4 月 19 日家月 52 巻 10 号 90 頁

（注 4）　　　　　　　　　　　　　　　　　　annotation

　相続人数人ある場合において，その相続財産中に金銭その他の可分債権あるときは，その債権は法律上当然分割され各共同相続人がその相続分に応じて権利を承継するものと解すべきである。

最判昭和 29 年 4 月 8 日民集 8 巻 4 号 819 頁

（注 5）　　　　　　　　　　　　　　　　　　annotation

　共同相続された普通預金債権，通常貯金債権及び定期貯金債権

は，いずれも，相続開始と同時に当然に相続分に応じて分割されることなく，遺産分割の対象となるものと解するのが相当である。

最決平成 28 年 12 月 19 日民集 70 巻 8 号 2121 頁

　共同相続された定期預金債権及び定期積金債権は，いずれも，相続開始と同時に当然に相続分に応じて分割されることはないものというべきである。

最判平成 29 年 4 月 6 日裁判集民事 255 号 129 頁

（注6）	annotation

（預貯金債権以外の金銭債権と最判平成 28 年 12 月 19 日）

　最決昭和 29 年 4 月 8 日は，金銭その他の可分債権は法律上当然分割され，各共同相続人がその相続分に応じて権利を承継するものと解すべきであるとしています。この考え方によれば，可分債権は遺産分割の対象となりません。しかし，最決平成 28 年 12 月 19 日は，普通預金債権，通常貯金債権及び定期貯金債権について，当然分割を否定し，遺産分割の対象となるとしました。さらに，最判平成 29 年 4 月 6 日は，定期預金債権及び定期積金債権についても，同様の判断をしました。この平成 28 年最決と平成 29 年最判による考え方は，定額貯金や当座預金等，他の預貯金にも及ぶものと考えられています。

　平成 28 年最決後，相続開始時に存在し，遺産分割時にも存在する預貯金債権については，遺産分割の対象となるとの考え方が実務で定着していますが，預貯金債権が被相続人の生前に払い戻されてしまえば，「相続開始時に存在する財産」に該当しませんので，分割の対象にはなりません。また，相続人の一人が被相続人の生前にその預貯金債権を勝手に払い戻したことにより被相続人が取得する不当利得返還請求権や不法行為に基づく損害賠償請求権については，

平成 28 年最決の考え方が当てはまらず，昭和 29 年最判の考え方が維持されますので，やはり分割の対象になりません。

　なお，預貯金債権が遺産分割の対象となるとの考え方によれば，遺産分割までの間，共同相続人全員の同意がない限りその払戻しができません。そこで，平成 30 年の相続法改正（民法及び家事事件手続法の一部を改正する法律〔平成 30 年法律第 72 号〕）では，相続債務の弁済や被相続人の扶養家族の生活費の支出等の共同相続人の資金需要に迅速に対応できる制度として，各共同相続人が遺産分割前に一定の範囲で遺産である預貯金を払い戻すことができる旨の規定が設けられました（909 条の 2）。

（注 7） annotation

（相続開始後，遺産分割前の預貯金の使途不明と民法 906 条の 2）

　本件は，被相続人の生前に払い戻された預金債権の使途不明が問題となっていますが，実務上，相続開始後，遺産分割前に共同相続人の一部が遺産である預貯金を払い戻しその使途が不明であるとして，相続人が対立する事案も多く見られます。相続開始時に存在した預貯金であっても，遺産分割前に払い戻された場合は「遺産分割時に存在する財産」に該当しませんから，本来であれば，やはり分割の対象とはなりません。しかし，相続開始後に払い戻された預金債権に係る使途不明金問題についても，当事者が合意をすることによって払戻金額を遺産分割の対象に取り込むことは可能です。

　平成 30 年の相続法改正によって設けられた 906 条の 2 は，相続開始後，遺産分割前に処分された遺産に属する財産について，共同相続人の合意によって遺産として存在するものとみなすことを規定しています。そして，同条 2 項は，共同相続人の一部による遺産に属する財産の処分行為が当該相続人の利得に繋がることがないように，遺産分割においてその調整を容易にすることを目的とした規定

です。預貯金の払戻しは同条の「処分」に該当しますから，一部の相続人が遺産分割前に被相続人名義の預貯金を払い戻した場合は，同条2項によって，当該相続人の同意がなくても，他の共同相続人全員の同意があれば，払い戻された預貯金債権が遺産分割時に存在するものとして遺産分割をすることができることになります。

　民法906条の2第1項は，第三者が遺産に属する財産を処分した場合にも適用され（堂薗幹一郎・神吉康二『概説改正相続法第2版（平成30年民法等改正，遺言書保管法制定）』〔金融財政事情研究会・2021〕78頁），共同相続人全員の同意により，処分の結果として存在する損害賠償請求権等の代償財産ではなく，処分されて存在しない財産そのものを遺産として分割対象とすることを認めています。これに対し，同条2項は，共同相続人の一部によって処分が行われた場合は，処分された財産を遺産分割時に遺産として存在するものとみなすことについて，処分者の同意を要しないとするものです。

　使途不明金問題のうち，相続開始後，遺産分割前の預貯金の払戻しが問題となる遺産分割事件の手続においては，同条2項が相続人全員の合意に向けた調整に意味を持つといわれています。ただし，払戻しをしたとされる相続人が払戻しの事実を否認する場合等，同条2項の適用が難しい事案も想定できます（民法906条の2の適用範囲，実務処理上の問題点等の詳細については，東京家庭裁判所家事5部『東京家庭裁判所家事第5部（遺産分割部）における相続法改正を踏まえた新たな実務運用』〔日本加除出版・2019〕14頁～39頁，前掲・片岡＝管野165頁～177頁参照）。

　なお，遺産分割前の預貯金の払戻しに関して規定する民法909条の2は，共同相続人が一定の場合に単独で預貯金について権利行使できる（同条前段）とし，その場合は遺産の一部分割として取得したものとみなす（同条後段）ことを規定していますが，同条後段部分は，民法906条の2の特則あるとされています（前掲・堂薗＝神吉59頁）。

1　金融機関は，預金契約に基づき，預金者の求めに応じて預金口座の取引経過を開示すべき義務を負うと解するのが相当である。

2　預金者の共同相続人の一人は，共同相続人全員に帰属する預金契約上の地位に基づき，被相続人名義の預金口座についてその取引経過の開示を求める権利を単独で行使することができるというべきである。

最判平成21年1月22日民集63巻1号228頁

（相続開始時に既に解約されている預貯金契約の取引経過開示義務）

　最判平成21年1月22日は，預金契約が解約されずに存続している場合，金融機関には，預金契約に基づいて取引経過開示義務があるとしていますが，預金契約が被相続人の死亡時に既に解約されていた場合も同様に金融機関が取引経過開示義務を負っていると解することができるかは問題です。この点について，銀行は，預金契約の解約後，元預金者に対し遅滞なく従前の取引経過及び解約の結果を報告すべき義務を負うと解することはできるが，その報告を完了した後も，過去の預金契約につき，預金契約締結中と同内容の取引経過開示義務を負い続けると解することはできないとする裁判例があります（東京高判平成23年8月3日金融法務事情1935号118頁）。この判決は，併せて，弁護士照会を受けた相手方が負う義務は，公的な制度上の義務であって，当該照会に係る事件当事者に対する関係で，私法上報告を行うべき義務を負うものではないとし，取引経過開示の拒否が債務不履行や不法行為とはならないとして，損害賠償義務を否定しています。

　なお，金融機関と顧客との取引履歴が記載された明細表の開示に関しては，明細表が金融機関の職業上の秘密を記載した文書に該当

するか否かという問題があり，最決平成 19 年 12 月 11 日民集 61
巻 9 号 3364 頁は，金融機関と顧客との取引履歴が記載された明細
表は，民事訴訟法197条 1 項 3 号にいう職業の秘密として保護され
るべき情報が記載された文書とはいえず，民事訴訟法 220 条 4 号ハ
所定の文書に該当しないとして，金融機関が明細表の提出を拒否す
ることはできないとしています。

2 遺産の帰属が争われる場合

（ 1 ） 相続人が特定の遺産を自分のものであると主張する場合の処理について

（ア）前提問題の審理

　特定の財産が遺産に帰属するものであるか否かについて共同相続人
間に争いがある場合，この紛争は，実体法上の権利関係の存否に関す
るものですから，終局的に確定させるためには民事訴訟の手続によら
なければなりません。しかし，遺産の帰属に関する争いは，遺産分割
をするにあたりその前提として解決されなければならない問題でもあ
ります。このように遺産分割と密接な関わりがある前提問題を，家庭
裁判所が審判手続の中で判断することができるか否かについては，積
極，消極の考え方がありました。最高裁判所は，この問題について，
遺産分割の前提となる法律関係に争いがあるときは，これを家庭裁判
所の審判手続において審理判断した上で分割の処分を行うことも差し
支えないとし，また，当事者は訴訟手続によって前提となる権利の存
否を争うことも妨げられず，既判力を有する判決によって遺産分割の
前提たる権利が否定されれば，分割の審判はその限度で効力を失うと
しています（最大決昭和 41 年 3 月 2 日民集 20 巻 3 号 360 頁（**注10**））。

　このように，審判手続の中で前提となる事項である遺産の帰属を審
理判断することが認められていますので，当事者はどちらの手続に
よっても遺産の帰属に関する争いを解決することができるのですが，

家庭裁判所の審判には既判力がありませんから，原則的には民事訴訟によって遺産の帰属を確定させた後に遺産分割の手続に入るべきでしょう（前掲・片岡＝管野 74 頁）。

（イ）遺産確認の訴え

以上のように，遺産の帰属に関する紛争は，原則として，民事訴訟による解決を先行させるべきですが，特定の財産の遺産帰属性の争いについて確定することを目的とする訴訟は，遺産確認請求訴訟です。遺産確認請求訴訟について，最高裁判所は，このような訴えは，共同相続人の遺産に対する共有持分の割合を問題とせず，端的に，当該財産が被相続人の遺産に属することの確認を求める訴えであって，その原告勝訴の確定判決は，当該財産が遺産分割の対象たる財産であることを既判力をもって確定し，したがって，これに続く遺産分割審判の手続において及びその審判の確定後に当該財産の遺産帰属性を争うことを許さず，もって，原告の意思により適った紛争の解決を図ることができるため，適法というべきであるとしています（最判昭和 61 年 3 月 13 日民集 40 巻 2 号 389 頁 **(注11)**）。

確認訴訟は，一般に，現在の権利義務や法律関係を対象とし，事実の確認や過去及び将来の権利関係を対象とすることはできないとされています。このような確認訴訟の特質からしますと，相続人が取得している権利，すなわち，遺産帰属性に争いがある財産に対して有する共有持分権（最高裁判所は，遺産に属する財産に対する共同相続人の共有関係について，民法 249 条以下に規定する「共有」とその性質を異にするものではないとしています（最判昭和 30 年 5 月 31 日民集 9 巻 6 号 793 頁 **(注12)**））の確認請求訴訟によって紛争解決を図るべきではないかとも考えられます。しかし，相続人が共有持分権確認請求訴訟で勝訴し，判決が確定した場合，既判力が生ずるのは当該相続人が共有持分権を有することについてであり，「相続によって」共有持分権を取得したことは確定されません。したがって，この共有持分権確認請求訴訟の確定判決を基になされた遺産分割審判が確定したとしても，その後さらに問題となってい

る財産の遺産帰属性が争われる可能性が残されます。前記の昭和61年最判は，遺産確認請求訴訟について，端的に，当該財産が遺産分割の対象であることを確定することを目的とするものであり，紛争解決の一回性に資するものとしています。

なお，以上のような遺産確認請求訴訟の機能から，遺産確認請求訴訟は，共同相続人全員を当事者とする必要がある固有必要的共同訴訟であるとされています（最判平成元年3月28日民集43巻3号167頁（**注13**））。また，この訴訟で勝訴し，判決が確定すると，問題となっている財産が遺産分割前の共有であること，すなわち，相続開始時に存在し，現存する未分割財産であることが確定することになります。

（２）　事実関係

Xは，生前，A名義の銀行口座を開設して自宅の売却代金の一部を入金し，これを管理していた。

（３）　当事者の主張及び反論

（ア）Aの主張

Xは，死んだら私にくれると言って，私名義で銀行に預金口座を開設していました。したがって，この預金は私のものであり，遺産ではありません。

（イ）Bの反論

この預金は，A名義ではあっても，Xが自分で管理していたのですから，当然遺産です。Xが言ったことは遺言ではありませんので，Aのものとは認められません。

（４）　調停委員会としての考え方

（ア）Aの主張について

結論：Aが「死んだらくれる」と言われたことをXの遺言と捉えているのであれば，それは認められません。しかし，XとAの関

係，口座開設の前後の事情やXの他の発言内容等から，死因贈
与を認める余地はあるでしょう。死因贈与が認められる場合
は，Aの特別受益が問題となります。

理由：(a) 遺言は，被相続人が一定の方式のもとに最終意思を表示す
るものであり，要式行為です（968条〜970条・976条〜979条）。A
は，Xの発言を主張するのみですから，遺言の存在は認められ
ません。

(b) Aの言い分は，死因贈与の主張と捉えることが可能です。
死因贈与は，贈与者の死亡によって効力が生ずる贈与であり
（554条），贈与者と受贈者との契約ですから，これが認められる
ためには，契約書等契約の成立を直接証する書面の存在か，こ
れがない場合は，契約の成立を推認できるような具体的事情の
主張，立証が必要となります。Aは，Xが「死んだらくれる」
と言ったと主張していますが，この事実だけで死因贈与契約の
成立を認めることは難しいでしょう。Aは，Xとの関係，Xが
A名義の預金口座を開設するに至った経緯・理由，発言の際の
具体的状況，預金管理の状況，A名義の預金の原資等の具体的
事実を主張するとともに，裏付けとなる資料を提出する必要が
あります。

しかし，預金が遺産であることについてBがあくまでも主張
を譲らない場合は，項目2 **(1)** 記載のとおり，遺産分割の前提
問題として民事訴訟によって解決すべきです。もっとも，訴訟
によって死因贈与によるAの預金取得が認められた場合は，A
の特別受益（民903条）が問題となりますので，預金がAのもの
であることを前提とすることによって，遺産分割調停の手続の
中で特別受益の処理をして全体を解決することは十分可能で
す。

（イ）Bの主張について

結論：Bは，預金が遺産に属する財産であることを終局的に確定した

いのであれば，民事訴訟（遺産確認請求訴訟）で解決し，確定した判決の判断を基に遺産分割の手続を進めるべきです。そのため，この場合，調停委員会は，調停手続きの取下げ勧告をすることが相当です。しかし，前記のとおり，本件は，特別受益の処理をすることにより，遺産分割調停の手続の中で預金の帰属も含め解決できる可能性があります。

理由：特定の財産の遺産帰属性に関する争いは，民事訴訟によって終局的な解決を図るべき事項ですから，預金が遺産であることを確定したいのであれば，訴訟手続きを先行させて，確定した判決の判断を基に調停手続きを進めるべきです。訴訟手続の終了にはある程度の期間が必要であり，分割の対象となる財産が確定しない状態で遺産分割調停を進めることは相当ではないため，実務では，このような場合，調停事件の取下げ勧告がされています。

　申立人が取下げに応じない場合は，事案に応じて，①調停手続を継続し，定期的（概ね2か月に1回程度）に期日を開いて訴訟手続きの進捗状況の報告を受け，報告内容に応じて調停手続のその後の進行を検討する，②審判に移行して分割禁止の審判をする（908条4項（注14））等の対応が考えられます。

　なお，申立人が取下げに応じないことで，調停をしない措置（家事271条，家事規132条1項）をすることも考えられますが，前記最決昭和41年3月2日（注10）は，遺産分割の前提問題について審判手続において審理判断できるとしていますし，①及び②等の対応が考えられるのですから，この措置を採ることは相当ではないでしょう。家事事件手続法271条が規定する調停をしない措置の要件該当性の面からもこの措置を採ることには疑問があります（注15）。

　また，問題となっている財産を除き，遺産であることに争いのない財産のみを対象として一部分割（民907条（注16））をする

ことも考えられます。しかし，事案によっては，一部分割をして
てしまうことによって最終的に適正な分割ができなくなる可
能性があるため，一部分割をすることが相当な事案かどうかの
検討は慎重にすべきです（前掲・堂薗＝神吉69～72頁）。

　申立人が取下げに応じない場合に考えられる対処の方法は
以上のとおりですが，本件は，預金の遺産帰属性に争いがあっ
ても，遺産分割調停手続の中で特別受益の処理をすることによ
り全体的な解決を図ることが適切な事案と考えられますから，
A，Bに対し，その旨を丁寧に説明し納得を得て手続きを進め
ることが相当です。

（5） 調停進行のあり方

（ア）A について

　項目2（4）（ア）（b）記載のような具体的事実について事情聴取
し，その内容と裏付け資料を検討する必要はありますが，Aに対し，
仮に死因贈与の主張が認められる場合，特別受益の問題があることを
告げ，調停手続きの中での全体的解決を図ることが可能であることを
説明すべきです。

　その結果，A，Bともに調停手続での解決を選択した場合は，A名
義の預金が死因贈与によってAに帰属していることを確認する旨の
合意（Aが預金を遺産として認める場合は，A名義の預金が遺産であることを確
認する旨の合意）を期日調書に記載して，後の紛争蒸し返しを防止する
必要があります。

（イ）B について

　BがA名義の預金の取得を希望するのでない限り，Aに対する死因
贈与を認め，特別受益として処理をすることができることから，調停
手続きの中での全体的解決を図ることが合理的です。Bに対し，別途
訴訟を提起することの時間的，経済的な問題も説明し，調停手続での
解決を説得すべきです。

(注10)

　遺産分割に関する審判は，相続権，相続財産等の存在を前提としてなされるものであり，それらはいずれも実体法上の権利関係であるから，その存否を終局的に確定するには，訴訟事項として対審公開の判決手続によらなければならない。しかし，それであるからといって，家庭裁判所は，かかる前提たる法律関係につき当事者間に争いがあるときは，常に民事訴訟による判決の確定をまってはじめて遺産分割の審判をなすべきものであるというのではなく，審判手続きにおいて右前提事項の存否を審理判断したうえで分割の処分を行うことは少しも差支えないというべきである。けだし，審判手続きにおいてした右前提事項に関する判断には既判力が生じないから，これを争う当事者は，別に民事訴訟を提起して右前提たる権利関係の確定を求めることをなんら妨げられるものではなく，そして，その結果，判決によって右前提たる権利の存在が否定されれば，分割の審判もその限度において効力を失うに至るものと解されるからである。このように，右前提事項の存否を審判手続きによって決定しても，そのことは民事訴訟による通常の裁判を受ける途を閉ざすことを意味しないから，憲法32条，82条に違反するものではない。

最大決昭和41年3月2日民集20巻3号360頁

(注11)

　遺産確認の訴えは，共同相続人の遺産に対する共有持分の割合は問題にせず，端的に，当該財産が現に被相続人の遺産に属すること，換言すれば，当該財産が現に共同相続人による遺産分割前の共有関係にあることの確認を求める訴えであって，その原告勝訴の確定判

決は，当該財産が遺産分割の対象たる財産であることを既判力を
もって確定し，したがって，これに続く遺産分割審判の手続におい
て及びその審判確定後に当該財産の遺産帰属性を争うことを許さ
ず，もって，原告の意思により適った紛争の解決を図ることができ
るところであるから，かかる訴えは適法というべきである。
最判昭和61年3月13日民集40巻2号389頁

（注12）   annotation

　相続財産の共有は，民法改正の前後を通じ，民法249条以下に規
定する「共有」とその性質を異にするものではないと解すべきであ
る。
最判昭和30年5月31日民集9巻6号793頁

（注13）   annotation

　遺産確認の訴えは，当該財産が現に共同相続人による遺産分割前
の共有関係にあることの確認を求める訴えであり，その原告勝訴の
確定判決は，当該財産が遺産分割の対象である財産であることを既
判力をもって確定し，これに続く遺産分割審判の手続及び右審判の
確定後において，当該財産の遺産帰属性を争うことを許さないとす
ることによって共同相続人間の紛争の解決に資することができるの
であって，この点に右訴えの適法性を肯定する実質的根拠があるの
であるから，右訴えは，共同相続人全員が当事者として関与し，そ
の間で合一にのみ確定することを要するいわゆる固有必要的共同訴
訟と解するのが相当である。
最判平成元年3月28日民集43巻3号167頁

　令和３年の民法改正（民法の一部を改正する法律（令和３年法律第24号））によって，分割禁止に関する規定が整備され，908条にまとめられました。分割禁止は，遺言による場合（908条１項），共同相続人の契約による場合（908条２項・３項），家庭裁判所の審判による場合（908条４項・５項）に行うことができます。共同相続人の契約による分割禁止については，改正前には規定がありませんでしたが，共同相続人の共有関係が249条以下の共有関係である（前記最判昭和30年５月31日（注12））ことを前提として，256条１項により分割禁止の契約をすることができるとされていました（松原正明『全訂判例先例相続法II』〔日本加除出版・2006〕491頁）ので，令和３年改正により，契約による遺産の分割禁止として，新たに規定が設けられたことになります。

　調停をしない措置は，実務上「なさず」といわれているものですが，家事事件手続法271条は，①事件が性質上調停を行うのに適当でないと認めるとき，または ②当事者が不当な目的でみだりに調停の申立てをしたと認めるときにすることができるとしています。①の例として，事件の内容が法令や公序良俗に反する場合，②の例として，もっぱら義務の回避や手続の引き延ばしを目的とした申立て等があげられています（金子修『逐条解説家事事件手続法（第２版）』〔商事法務・2022〕950・951頁）。

　平成30年の相続法改正前，民法は一部分割について明確な規定をおいていませんでしたが，同改正により，一定の要件のもとに一

部分割が許されることが明確に規定されました（907条）。なお，同改正前907条3項は，「……遺産の全部又は一部について，その分割を禁ずることができる。」としており，前提として一部分割を認める規定であったため，一般的には，同改正前も一定の要件の下で一部分割が許されると考えられていました。

3 相続権が争われる場合

（1） 当事者の主張及び反論

（ア）Aの主張

Bは，戸籍上Xと私の母Yとの間の二男となっていますが，本当はX・Yの子ではありません。したがって，Xの遺産を相続する立場にありません。

（イ）Bの反論

私は，X・Yの子として育ちました。戸籍の記載に間違いはありません。Aは，遺産を独り占めするために私とX・Yとの親子関係を否定しているのです。

（2） 戸籍上相続人と認められる者と被相続人との親子関係が争われる場合の処理について

結論：Aに対し，親子関係不存在確認訴訟によってX・Bの親子関係に関する争いを解決するよう促し，Aの訴訟提起の意思を確認した上で，Bに対し，調停の取下げを勧告することが相当です。

理由：被相続人との親子関係の存否は，遺産分割における相続人の範囲に係る問題であり，遺産分割の前提問題ではありますが，当事者が任意に処分することができず，公益性のある事項ですから，財産的な問題と異なり，合意を基に手続を進めることはできません。親子関係の不存在確認は，身分を形成する事項ではありませんから，理論的には遺産分割の前提問題として，審判

による判断が可能ですが（項目2（1）（ア）参照），人事訴訟の手続によって終局的な解決を図った上で，遺産分割の手続を進行させるべきです。

したがって，Aに対し，事情聴取をした後に，手続きの説明をし，人事訴訟（親子関係不存在確認の訴え）の提起を促すことが相当です（なお，BがXとの親子関係不存在を認めている場合であれば，この問題については，合意に相当する審判（家事277条）による解決も考えられます）。

遺産分割調停事件の申立人であるBに対しては，取下げ勧告をすることになります。取下げ勧告の他に考えられる対応は，項目2（4）（イ）に記載するとおりですが，本件の場合も，調停をしない措置をすることは相当でなく，また，相続人の範囲が確定していないのですから一部分割は考えられません。分割禁止も想定しにくいでしょう。

3

遺産分割の対象財産性

清水　節

 X は，令和 4（2022）年 4 月 29 日に死亡した。X の相続人は，その子 A，B 及び C の 3 名である。

X の遺産は，甲建物（評価額 5,000 万円）及び乙銀行に対する普通預金の預金債権（相続開始時における残高 2,000 万円）である。X は，遺言書を作成していない。

A と B 及び C との間で，遺産の分割についての意見が異なっているため，A が B 及び C を相手に遺産分割調停を申し立てた。

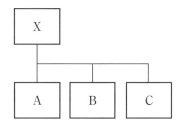

1　はじめに——遺産と，遺産分割の対象財産との関係

遺産（被相続人が死亡時に有していた財産）の範囲と，遺産分割の対象となる財産の範囲とは，必ずしも一致しません。①遺産共有の法的性質や遺産分割の性格に鑑み，遺産であっても遺産分割の対象から除かれる財産もあれば，逆に，②遺産ではないものの遺産分割の対象となる財産もあります。

下記2〜5では，預金債権，被相続人の死亡後に遺産から得られる賃料などの利得（「遺産から生じた果実」と呼ばれます），葬儀費用等，及び相続開始後の遺産分割前に処分された遺産について，それぞれ遺産分割の対象財産となるか否かを検討します。このうち，預金債権（下記2）については，相続開始と同時に分割されてしまい上記①の財産に該当するか（遺産ではあるが遺産分割の対象から除かれるか）が問題となります。また，遺産から生じた果実（下記3），葬儀費用等（下記4），及び遺産分割前に処分された遺産（下記5）については，被相続人の死亡後に生じた事由に基づくものであるため，上記②の財産に該当するか（遺産ではないが遺産分割の対象となるか）が問題となります。

2　預金債権

（1）事実関係

　Xは，生前，Aに対し，5,000万円を贈与していた。

（2）当事者の主張及び反論

（ア）Aの主張

　預金債権は相続開始により相続分に応じて当然に分割済みであり，遺産分割の対象には含まれない。

（イ）B及びCの反論

　預金債権は，遺産分割の対象に含まれる。

（3）考え方

（ア）概要

　Aの主張は，仮に預金債権が遺産分割の対象に含まれるとすると，Aに対する5,000万円の生前贈与が考慮されて預金債権の取得分が減額されてしまうことを避けるためのものと思われます。そして，最大決平成28年12月19日民集70巻8号2121頁**（注1）**（以下「平成28年

決定」といいます）以前の実務は，預金債権は原則としてＡの主張する
とおり遺産分割の対象に含まれないものとして運用していました。し
かし，平成28年決定により，預金債権は，遺産分割の対象として扱わ
れることとなりました。したがって，Ａの主張は認められません。

（イ）平成28年決定前の実務

　平成28年決定前の裁判所の実務は，最判昭和29年4月8日民集8
巻4号819頁**(注2)**や最判平成16年4月20日集民214号13頁が，
金銭債権は相続開始と同時に当然に相続分に応じて分割されるとして
いたことから，預金債権も相続開始と同時に当然に相続分に応じて分
割されるものと解し，預金債権については，原則として遺産分割の対
象とならず，相続人間で分割対象に含める旨の合意があった場合にの
み例外的に遺産分割の対象に含める取扱いとしていました。

（ウ）平成28年決定による判例変更

　被相続人から約5,500万円の贈与を受けていた共同相続人の一人が，
他の共同相続人に対し，遺産である預貯金（約4,000万円）を遺産分割の
対象に含める合意がないとして，預貯金を法定相続分に従って取得す
ることができるかが争われた事案において，平成28年決定は，「共同
相続された普通預金債権，通常貯金債権及び定期貯金債権は，いずれ
も，相続開始と同時に当然に相続分に応じて分割されることはなく，
遺産分割の対象となるものと解するのが相当である。以上説示すると
ころに従い，最高裁平成15年（受）第670号同16年4月20日第三
小法廷判決・裁判集民事214号13頁その他上記見解と異なる当裁判
所の判例は，いずれも変更すべきである」としました。

（エ）民法909条の2の新設

　上記の判例変更により，遺産分割が終了するまでの間は，共同相続
人全員の同意を得なければ預貯金の払戻しができないこととなったた
め，葬儀費用や相続債務の弁済などで，被相続人が有していた預貯金
を遺産分割の協議の成立前に払い戻す必要がある場合に支障が生ずる
ことになりました。

そこで，共同相続人の各種の資金需要に迅速に対応することができるようにするため，平成30年に民法909条の2が新設され，各共同相続人が，遺産分割前に裁判所の判断を経ることなく，一定の範囲で遺産に属する預貯金債権を行使することができることとなりました（施行日は令和元年7月1日）。

具体的には，共同相続人は，（相続開始時の預貯金債権の額）×3分の1×（当該払戻しを求める共同相続人の法定相続分）に相当する額について，遺産分割前に，裁判所の判断を経ることなく，預貯金債権を行使することができます。ただし，同一の金融機関に対する権利行使は，150万円を限度とします（民法909条の2に規定する法務省令で定める額を定める法務省令（平成30年法務省令第29号））。

同条に基づいて払戻しがされた預貯金については，その権利行使をした共同相続人が遺産の一部分割により取得したものとみなされます。払い戻した預貯金の額が，払戻者の具体的相続分を超過していた場合には，当該払戻者は，遺産分割手続において，他の相続人に対し，超過分を代償金として支払う義務を負うことになります。

（4） 調停進行のあり方

平成28年決定により，預金債権は，遺産分割の対象として扱われることとなったため，Aの主張は認められず，B及びCの反論が認められることになります。

預金債権が遺産分割の対象として扱われることは平成28年決定により認められているのですから，調停委員会としては，Aに対し，その主張が判例上認められないことを告げて，調停進行を図ることになります。具体的には，評価額5,000万円の甲建物及び乙銀行における2,000万円の預金債権を分割対象とし，Aに対する5,000万円の生前贈与が特別受益に当たるかなども含めて，分割協議を進めることになるでしょう。

（1） 事実関係

　Xは，生前，Yに対し，甲建物を，賃料月額100万円を前月末日に前払いする約定で賃貸し，乙銀行の普通預金口座（以下「本件口座」という）に振り込ませる方法により賃料を収受していた。Yは，令和4(2022)年4月末日，Xの死亡の事実を知らずに，翌月分の賃料100万円を本件口座に振り込む方法により支払った。この時，乙銀行もXの死亡の事実を知らなかった。

　相続開始後，本件口座につき預金の引き落としはなされていない。

　Xは，生前，Aに対し，1,000万円を贈与していた。

（2） 当事者の主張及び反論

（ア）Aの主張

　甲建物から生じる賃料債権のうち，Xの死亡前の入金分については相続開始により相続分に応じて当然に分割済みであり，遺産分割の対象には含まれない。Xの死亡後の入金分については，遺産ではなくこれも遺産分割の対象には含まれない。

（イ）B及びCの反論

　甲建物から生じる賃料は，Xの死亡の前後を問わず，本件口座に振り込まれた以上，預金債権の一部として遺産分割の対象に含まれる。

（3） 考え方

（ア）前提

　まず，甲建物から生じる賃料債権のうちXの死亡前の入金分については，預金債権と同様に考えられますから，前記3で述べたように，平成28年決定により遺産分割の対象として扱われることとなるでしょう。したがって，以下では，Xの死亡後の入金分について検討します。

（イ）銀行実務

銀行実務においては，預金者が死亡した場合，銀行が当該死亡を認識した段階で当該預金者の預金口座は凍結され，以降，当該預金口座に入出金することはできなくなるのが一般的ですが，銀行が当該預金者の死亡を認識しない間は，当該預金口座への入出金が事実上可能となっています。また，被相続人名義の預貯金口座を残すことにつき，相続人全員の合意がある場合には，口座を残す取扱いとする銀行もあります（片岡武＝管野眞一編著『第4版　家庭裁判所における遺産分割・遺留分の実務』（日本加除出版・2021年）161頁）。

（ウ）家庭裁判所の運用

Aの賃料に係る主張のうちXの死亡後の入金分については，「遺産である賃貸不動産を使用管理した結果生ずる金銭債権たる賃料債権は，遺産とは別個の財産というべきであって，各共同相続人がその相続分に応じて分割単独債権として確定的に取得するものと解するのが相当である」とした最判平成17年9月8日民集59巻7号1931頁（**注3**）を踏まえたものと思われます。しかし，この判例は，遺産である不動産から生じた賃料が相続人の一人の口座に入金されていたという事案であり，被相続人の口座に入金された本件について直ちに適用できるものではないと考えられます。

この点について，相続開始後に入金された賃料も含めた預金債権全体が遺産分割の対象となると解する見解があります（斎藤毅「預貯金の共同相続に関する幾つかの問題」判例タイムズ1460号10頁（2019年））。この見解は，①前記平成28年決定の考え方を前提とするとそのように解するのが自然であること，②相続開始後の入金額相当部分について当然に相続分に応じて分割されると解すべき実益がないように思われること，③相続開始後に入金があり，その後口座振替によって残高が減少した場合，遺産を構成する部分とそうでない部分のいずれからどのように減額するかが明確でないこと等を根拠とします。

これに対し，現在の家庭裁判所の実務は以下①〜④のように運用さ

れ，必ずしも常に相続開始後に入金された賃料を遺産分割の対象としているわけではありません（前掲・片岡＝管野161頁）。

① 被相続人名義の預貯金口座を残すことにつき相続人全員の合意がなされたことにより口座が凍結されず，相続開始後の入金がなされた場合，当該合意は，相続開始後に入金される賃料も遺産分割の対象に含める旨の合意を含むと解釈し，原則として，賃料を含む預金債権全体を遺産分割の対象とする。

② 被相続人名義の預貯金口座を残すことにつき相続人全員の合意がなされていないにもかかわらず，銀行が当該預金者の死亡を認識しない間に当該預金口座への入金がされた場合には，上記①のように賃料を遺産に含める旨の合意を認めることができないから，調停または審判において，賃料を遺産に含める旨の合意の形成を促し，当該合意が成立したときは原則として賃料を含む預金債権全体を遺産分割の対象とし，当該合意が成立しなかったときは賃料を遺産分割の対象としない。

③ 上記①の場合であっても，共同相続人の一人につき超過特別受益が認められ具体的相続分がないときは，当該相続人が相続開始後に入金された賃料を取得できなくなるという問題が生じるので，被相続人名義の預貯金口座を残すことについての相続人全員の合意が賃料を遺産に含める旨の合意を含むとは解さずに，賃料を遺産分割の対象としない。なお，上記②の場合において，同様に，共同相続人の一人につき超過特別受益が認められ具体的相続分がないときは，相続人間で賃料を遺産に含める旨の合意が成立することはないと考えられる。

④ 上記①の場合，または，上記②において賃料を遺産に含める旨の合意が成立した場合であっても，賃料が入金される一方で経費やローンが引き落とされ，その経費に当該不動産以外のものが含まれているときには，賃料と経費との差し引き計算が煩雑となるので，賃料入金額を遺産分割の対象とはせずに別扱いとし，収入と

支出につき別途に計算して分配する。

（4） 調停進行のあり方

　甲建物から生じる賃料債権のうちＸの死亡前の入金分については，平成28年決定における預金債権と同様に考えられますから，遺産分割の対象として扱われることとなり，Ａの主張は認められず，Ｂ及びＣの反論が認められることになります。

　Ｘ死亡後の本件口座への賃料の入金は，乙銀行がＸの死亡の事実を知らない間になされたものであり，Ａ，Ｂ及びＣとの間で本件口座を残すことにつき合意が成立していたわけではありません。そのため，家庭裁判所の実務に従えば，調停において，当事者間での賃料100万円を遺産に含める旨の合意の形成を促すことになると思われます。

　相続開始後，本件口座につき引き落としはなされておらず，また，Ａ，Ｂ及びＣに超過特別受益はないので，賃料100万円を遺産に含める旨の合意が成立した場合には，賃料100万円を含む預金債権全体を遺産分割の対象とすることになります。他方，当該合意が成立しなかったときは，賃料100万円を遺産分割の対象としないことになります。

　ただし，Ａの主張は，仮に賃料100万円が遺産分割の対象に含まれるとすると，Ａに対する1000万円の生前贈与が考慮されて賃料の取得分が減額されてしまうことを避けるためのものと思われますので，本件では，賃料を遺産に含める旨の合意が成立する見込みは少ないと考えられます。

4　葬儀費用の負担

（1） 事実関係

　Ｘの葬儀は，Ａが喪主として執り行った。

（２）　当事者の主張及び反論

（ア）Ａの主張

葬儀費用の支出額，内容は適正なものである。

（イ）Ｂ及びＣの反論

Ａが支出した葬儀費用の額，内容が適正なものか疑問がある。

（３）　考え方

　葬儀費用（通夜・告別式，火葬等の過程で要する費用）は，被相続人の死亡に伴って生じる費用であり，相続人の間ではその分担をめぐって対立を生じることもありますが，相続開始後に生じた債務であり，また，一次的には祭祀主宰者（喪主）が負担することとなり，相続財産に関する費用ともいえません。ですから，調停の場で話合いが行われ，分担等に関する合意が成立する場合もありますが，その支出金額や分担について深刻な争いがあり，調停の中で調整を図ることができない場合は，遺産分割の対象ではなく民事訴訟手続で解決することになります。

　また，香典は，死者への弔意，遺族へのなぐさめ，葬儀費用など遺族の経済的負担の軽減などを目的とする祭祀主宰者や遺族への贈与であるため，遺産分割の対象にはなりません。ただし，葬儀費用の場合と同様に，当事者全員の合意が得られる場合には，香典を考慮して調停を成立させることは可能です（前掲・片岡＝菅野 80 頁）。

（４）　調停進行のあり方

　まず，葬儀費用の支出額及びその内容に対するＢ及びＣの疑問を解消するため，Ａに対し，香典等を含めて葬儀費用の収支の明細が分かる資料を提出するよう求めることになります。

　当該資料の内容を踏まえ，Ｂ及びＣの納得が得られれば，葬儀費用及び香典は遺産分割の対象に含めずに調停を進めることになります。あるいは，当該資料を確認したＢ及びＣから，Ａが受領した香典の額及び支出した葬儀費用も考慮して遺産分割をしたいとの申し出があ

り，Aがこれに応じる場合には，葬儀費用及び香典の額を考慮して調停を成立させることになります。

当事者間にこのような合意が成立しない場合は，当事者に対し，葬儀費用及び香典の収支に関する問題は調停で取り上げることができない旨を告げて，民事訴訟手続で解決を図るよう促すことになります。

5 遺産分割前に処分された遺産

（1） 事実関係

何者かが，Xの死後の2022年5月に，乙銀行のXの普通預金口座から預金を払い戻した。

（2） 当事者の主張及び反論

（ア）パターン1

（a）Aの主張

預金を払い戻したのは私だが，払い戻した預金はXの葬儀費用に充てた。

（b）B及びCの反論

葬儀費用に充てたことについては認めない。払い戻された預金を遺産分割の対象に含めるべきだ。

（イ）パターン2

（a）Aの主張

預金を払い戻したのは私だが，払い戻した預金はXの葬儀費用に充てた。

（b）Bの反論

葬儀費用に充てたことについては認めない。払い戻された預金を遺産分割の対象に含めるべきだ。

（c）Cの主張

Aが払い戻した預金をXの葬儀費用に充てたことを認める。払い戻

された預金を遺産分割の対象に含める必要はない。

（ウ）パターン3

（a）B及びCの主張

　預金を払い戻したのはAである。払い戻された預金を遺産分割の対象に含めるべきだ。

（b）Aの反論

　預金を払い戻したのは私ではない。

（3）考え方

（ア）民法906条の2

（a）改正の趣旨

　共同相続された相続財産については，原則として遺産共有となり，その共有状態の解消は，遺産分割の手続によることとされていますが，一方で，共同相続人が遺産分割前にその共有持分を処分することは認められています。そのため，従前，そのような共有持分の処分がなされた場合に遺産分割においてどのような処理をすべきかについて問題となることがありましたが，この点を規律する明文の規定はなく，また，明確にこれに言及した裁判例もありませんでした（堂薗幹一郎＝野口宣大編著『一問一答　新しい相続法—平成30年民法等（相続法）改正，遺言書保管法の解説』〔商事法務・2019〕93頁）。

　従前の実務においては，①遺産分割は遺産分割の時に存在する財産を共同相続人で分配する手続であるという考え方に従い，共同相続人の一人が遺産分割の前に遺産の一部を処分した場合には，原則として，その時点で実際に存在する財産を基準に遺産分割を行い，当該処分によって当該共同相続人が得た利益は遺産分割においては特段考慮しない取扱いとしつつ，最判昭和54年2月22日裁判集民事126号129頁**（注4）**や下級審裁判例を踏まえ，遺産分割時には存在しない財産であっても，共同相続人の全員がこれを遺産分割の対象に含める旨の合意をした場合は，例外的に，これを遺産分割の対象とする取扱いが

されてきました（東京家庭裁判所第5部編『東京家庭裁判所家事第5部（遺産分割部）における相続法改正を踏まえた新たな実務運用（家庭の法と裁判号外）』（日本加除出版・2019年）14頁）。

　しかし，従前の実務における上記取扱いにおいては，共同相続人の全員がこれを遺産分割の対象に含める旨の合意をしない限り，遺産分割の対象とすることができないため，遺産分割の前に遺産の一部を処分した共同相続人自身が遺産分割の対象とする旨を合意しないという事態も散見されました。その場合，当該処分をした者の最終的な取得額が，当該処分をしなかった場合と比べると大きくなり，その反面，他の共同相続人の遺産分割における取得額が小さくなるという計算上の不公平が生じ得ると指摘されていました。

　また，前記2のとおり，平成28年決定により遺産分割が終了するまで共同相続人全員の同意がなければ預貯金の払戻しができないことを受けて，各共同相続人が家庭裁判所の判断を経ないで相続された預貯金の（一部）払戻しを認める規定が設けられるところ（民909条の2），同規定に基づく適法な払戻しであれば，遺産分割においてその精算がなされるのに対し，同規定に基づかずに払戻しを受けた場合には精算がなされないという事態を許すことになれば，違法行為を助長することにもなりかねないとの問題も提起されていました。

（b）制度の概要

　上記（a）の問題点を踏まえ，遺産分割前に遺産に属する特定の財産を共同相続人の一人が処分した場合に，処分をしなかった場合と比べて利得をすることがないようにするため，遺産分割においてこれを調整することを容易とする規定として，平成30年に民法906条の2が設けられました。

　具体的には，同条1項は，共同相続人全員の同意によって，遺産分割前に処分された財産についても遺産分割の対象財産にすることを認めることとしました。また，同条2項は，共同相続人の一人が遺産分割前に当該処分をした場合には，遺産分割時に当該処分をした財産を

遺産に含めることについて他の共同相続人の同意さえあれば，これを遺産分割の対象にできることとしました（前掲・堂薗ほか94頁）。

この民法906条の2の規定は，令和元年7月1日から施行されており，同日より前に開始した相続については，なお従前の例によります（附則2条）。

（イ）関連する論点

（a）「処分」の意義

民法906条の2にいう財産の「処分」とは，預貯金の払戻しのように遺産に含まれる財産を法律上消滅させる行為のほか，相続開始により遺産共有となった不動産等に係る共有持分を第三者に対して譲渡する行為，遺産に含まれる動産等を現実に毀損・滅失する行為などが含まれます（前掲・片岡＝菅野166頁）。

また，民法906条の2第1項は，「遺産の分割前に遺産に属する財産が処分された場合」と定めており，この文言だけをみると，遺産の全部が処分された場合にも民法906条の2第1項が適用されるようにも思えます。しかし，民法906条の2第1項は，遺産分割前に遺産の全部が処分された場合には適用されません。なぜなら，遺産分割前に遺産に属する財産が全て処分され，遺産分割の対象となる財産が存在しない場合は，そもそも遺産分割を行うことができないからです（前掲・片岡＝菅野167頁）。

（b）財産処分が共同相続人以外の第三者によりなされた場合

民法906条の2第1項は，「遺産の分割前に遺産に属する財産が処分された場合であっても」と定めており，処分者が共同相続人であるか否かを問題としていません。したがって，共同相続人以外の第三者が財産を処分した場合にも，民法906条の2第1項は適用されます。これは，共同相続人以外の第三者が遺産を処分した場合であっても，代償財産（第三者に対する損害賠償請求権や処分された財産に関する保険金請求権）を遺産分割の対象とするために，共同相続人全員の同意により処分された財産を遺産分割の対象とするというケースが想定され，実際

に，従前の実務においても，共同相続人全員の合意によって代償財産を遺産分割の対象とするという取扱いがされていたことを踏まえたものです（前掲・堂薗＝野口98頁）。

これに対し，民法906条の2第2項は，「共同相続人の一人又は数人により同項の財産が処分されたとき」と定めており，共同相続人以外の第三者が遺産を処分した場合には適用されません。これは，民法906条の2第2項が，遺産分割前に遺産を処分した共同相続人が民法906条の2第1項の同意をしないことにより，処分をしなかった場合と比べて利得をするという不公平を是正する趣旨の規定であるところ，処分者が共同相続人以外の第三者である場合には，当該第三者による遺産の処分によって共同相続人の誰かが利得をするという関係にはないことを踏まえたものです（前掲・堂薗＝野口98頁）。

（c）処分者の認定方法

上記**（b）**のとおり，民法906条の2を適用するに当たっては，遺産の処分者が何者かが問題となります。処分者に争いがある場合の実務における取扱いは，以下のとおりです（前掲・片岡＝菅野168頁，175頁）。

（i）処分者の認定が容易な場合

家庭裁判所は，遺産を処分した者の認定が容易な場合には，遺産分割調停・審判の中で，処分された遺産を遺産に含める旨の認定判断をすることがあります。すなわち，家庭裁判所において遺産の処分者について事実認定をし，民法906条の2第2項の適用の可否を判断した上で，調停において調整をしたり，遺産分割の審判をしたりします（最大決昭和41年3月2日民集20巻3号360頁**（注5）**参照）。

払戻しをした相続人の認定が容易な場合とは，たとえば，預貯金の払戻しが窓口において行われた場合において，払戻しの手続を行った際の書類から，筆跡等により，誰が払い戻したかが認定できる場合や，キャッシュカードを用いて自動預払機から預貯金を払い戻した場合において，キャッシュカードの保管状況等から，誰が払い戻したかが容

易に認定できる場合などです。

　ただし，家庭裁判所が遺産分割審判の中でした事実認定については，既判力等の法的拘束力が生じないため，後にその事実認定が既判力のある確定判決等と抵触することとなった場合には，遺産分割審判の全部または一部の効力が否定されるおそれがあります。そのため，相続人の認定について一部の相続人から理解を得られないまま遺産分割審判の中で遺産に含める旨の認定判断をする場合には，後に当該相続人が訴訟を提起し認定判断が覆るリスクを伴うことになります。遺産分割の当事者としては，このような事態が生じないようにするため，遺産分割の前提問題として，当該処分された財産が民法906条の2の規定により遺産に含まれることの確認を求める民事訴訟を提起することができるものと考えられます（最判昭和61年3月13日民集40巻2号389頁（**注6**）参照）。

（ⅱ）処分者の認定が困難な場合

　遺産分割調停・審判の段階における資料が不足している場合は，弁論主義を前提としない家庭裁判所が処分者を認定するのは困難です。また，処分された遺産（の額）が遺産全体において重要部分を占めており，当事者が処分者の認定に重大な関心を抱いていて厳格な認定を求める場合や，処分者の認定をめぐって当事者間の感情的な対立が激しい場合などには，家庭裁判所ではなく地方裁判所が事実認定を行うのが適当と考えられます。ですから，家庭裁判所としては，このような場合には，当事者に対し以下の方法があることを説明し，そのいずれを選択するかを検討してもらうことになります。

①　遺産確認訴訟で先行解決を図る方法

　　既判力に基づき事実を確定するために，処分された遺産が民法906条の2第2項の規定により遺産に含まれることの確認を求める民事訴訟（遺産確認訴訟）を提起することが考えられます。

　　そして，当事者がこのような民事訴訟（遺産確認訴訟）を選択した場合には，遺産分割手続はいったん申立てを取り下げて，遺産

確認訴訟の終了後に遺産全部についてまとめて分割を行う方法
か，または，処分された遺産の取扱いについては遺産確認訴訟の
判断を待つものの，その余の遺産については遺産分割手続を進め
る方法（一部分割となる）のいずれかを検討することになります。
いずれの方法によるかは，当事者の意向と，遺産に占める処分さ
れた財産の額の大きさ等を考慮して決めることになると考えら
れます。

② **遺産分割により，遺産の範囲に含まれることの判断を行う方法**

家庭裁判所は，前記（ⅰ）のとおり，遺産分割審判の中で遺産
の範囲についての事実認定を行うことができます。ただし，既判
力による事実確定はできませんから，家庭裁判所は，この方法で
は事実認定が将来覆るというリスクがあることを当事者に説明
し，その納得が得られる例外的な場合に行われると考えられます。

③ **不法行為に基づく損害賠償または不当利得の返還を求める方法**

他の共同相続人は，遺産を処分した相続人に対し，処分された
遺産について自己の準共有持分を侵害されたことを理由として，
民事訴訟として，不法行為に基づく損害賠償または不当利得の返
還を請求することが可能です。ですから，家庭裁判所は，この民
事訴訟の方法を説明することが考えられます。

なお，上記のような処分者の認定が困難な事案では，当事者におい
ても，遺産の範囲に関する前提問題の争いが解消されない状況で遺産
分割手続を進めるのは難しいと判断し，民事訴訟において真偽を明確
にしたい（つまり，上記①の方法をとりたい）と主張するケースが多いよう
です。

（d）処分された財産の使途

相続開始後，遺産分割前に遺産に属する財産が処分され，処分者が
認定できる場合であっても，処分した財産の使途によっては，遺産分
割の対象財産とみなすことが相当でないケースもあります（前掲・片
岡＝菅野168頁，175頁）。

すなわち，処分された財産が被相続人または相続人全員の利益のために使用されたと認定できる場合には，相続人全員が処分された財産から利益を得ているといえ，基本的には，遺産分割の対象財産に含める必要はないと考えられます。

ただし，処分者を認定する場合（上記（c）（i））と同様に，家庭裁判所が遺産分割審判の中でした事実認定については既判力等の法的拘束力が生じないことから，後にその事実認定が既判力のある確定判決等と抵触することとなった場合には，遺産分割審判の全部または一部の効力が否定されるリスクを伴うことになります。

また，相続人全員が処分された財産から利益を得ている場合であっても，相続人間で処分された財産から得た利益の大きさに著しい差があるようなときには，遺産分割の対象財産に含める余地もあると思われます。

（4） 調停進行のあり方

（ア）パターン1（上記（2）（ア））について

パターン1におけるＡの主張は，預金を払い戻したことは認めるものの，払い戻した預金は，相続人全員で負担すべき葬儀費用に充てたのだから，払い戻した預金を遺産分割の対象に含める必要はない，という趣旨であると思われます。したがって，Ａが払い戻した預金を遺産分割の対象に含めることについて「同意」するとは考え難く，パターン1においては，民法906条の2第1項を適用することはできないと考えられます。

そこで，次に，民法906条の2第2項を適用できるかどうかを考えます。パターン1においては，Ｂ及びＣはともにＡが払い戻した預金を遺産分割の対象に含めることを求めているため，遺産分割前に遺産の処分を行った共同相続人以外の共同相続人全員が処分された遺産を遺産分割の対象に含めることに「同意」しているといえ，民法906条の2第2項の要件を満たします。したがって，民法906条の2第2項

の効果により，Aが払い戻した預金を遺産分割の対象に含めることになります。

この場合において，Aは，B及びCに対して，葬儀費用の負担について，別途民事訴訟（不当利得返還請求訴訟など）を提起することが可能であると考えられます。この点，民法906条の2が新設される以前であれば，Aが払い戻した預金を遺産分割の対象に含めることはできず，B及びCの側からAに対して別途民事訴訟（不当利得返還請求訴訟または不法行為に基づく損害賠償請求訴訟）を提起していたところですが，民法906条の2の新設により，民事訴訟を提起する当事者が入れ替わったということができます。

なお，仮に，払い戻された預金の使途が葬儀費用であり，その支出額，内容について当事者間に争いがない場合には，処分された財産が相続人全員の利益のために使用された場合（上記（3）（イ）（d））として，原則として遺産分割の範囲に含める必要はないと考えられます。

（イ）パターン2（上記（2）（イ））について

パターン2におけるAの主張は，パターン1と同様ですので，上記（ア）で述べたのと同様の理由から，Aが払い戻した預金を遺産分割の対象に含めることについて「同意」するとは考え難く，パターン2においても，民法906条の2第1項を適用することはできないと考えられます。

そこで，次に，民法906条の2第2項を適用できるかどうかを考えます。パターン2においては，Bはパターン1と同様にAが払い戻した預金を遺産分割の対象に含めることを求めている一方で，Cはパターン1と異なりAが払い戻した預金を遺産分割の対象に含めることを求めていません。したがって，遺産分割前に遺産の処分を行った共同相続人以外の共同相続人全員が処分された遺産を遺産分割の対象に含めることに「同意」しているとはいえず，民法906条の2第2項の要件を満たしません。したがって，上述した従前の実務における取扱いと同様に，Aが払い戻した預金を遺産分割の対象に含めることは

できません。

この場合，Bは，別途民事訴訟（不当利得返還請求訴訟または不法行為に基づく損害賠償請求訴訟）を提起して，Aが払い戻した預金について，自己の相続分相当額の返還を求めることになると考えられます。

（ウ）パターン3（上記（2）（ウ））について

パターン3におけるAの主張は，預金を払い戻したこと自体を争うものですが，当該主張のみからは，Aが，遺産分割前に払い戻された預金を遺産分割の対象に含めることについて「同意」する意思を有しているか否かは判然としません。そこで，まずこの点をAに確認し，払い戻された預金を遺産分割の対象に含めることに同意した場合には，民法906条の2第1項により，払い戻された預金を遺産分割の対象に含めることが可能です。Aが同意しない場合には，処分者が判明していませんので民法906条の2第2項の対象にもならず，払い戻された預金を遺産分割の対象に含めることはできません。

ただし，パターン3のようなケースにおいては，上記（3）（c）（ii）のとおり，処分者が誰かという問題が解決しない限り遺産分割が前に進まない場合が多いと考えられますので，家庭裁判所としては，遺産の範囲について民事訴訟で先行解決を図る方法等を提示し，当事者の選択に委ねることになります。

注釈 annotation

annotation

（注1）

最大決平成28年12月19日民集70巻8号2121頁

「預金者が死亡することにより，普通預金債権及び通常貯金債権は共同相続人全員に帰属するに至るところ，その帰属の態様について検討すると，上記各債権は，口座において管理されており，預貯

金契約上の地位を準共有する共同相続人が全員で預貯金契約を解約しない限り，同一性を保持しながら常にその残高が変動し得るものとして存在し，各共同相続人に確定額の債権として分割されることはないと解される。」

　「共同相続された普通預金債権，通常貯金債権及び定期貯金債権は，いずれも，相続開始と同時に当然に相続分に応じて分割されることはなく，遺産分割の対象となるものと解するのが相当である。以上説示するところに従い，最高裁平成 15 年（受）第 670 号同 16 年 4 月 20 日第三小法廷判決・裁判集民事 214 号 13 頁その他上記見解と異なる当裁判所の判例は，いずれも変更すべきである」

（注2）　　　　　　　　　　　　　　　annotation
最判昭和 29 年 4 月 8 日民集 8 巻 4 号 819 頁

　「相続人数人ある場合において，その相続財産中に金銭その他の可分債権あるときは，その債権は法律上当然分割され各共同相続人がその相続分に応じて権利を承継するものと解するを相当とする」

（注3）　　　　　　　　　　　　　　　annotation
最判平成 17 年 9 月 8 日民集 59 巻 7 号 1931 頁

　「遺産は，相続人が数人あるときは，相続開始から遺産分割までの間，共同相続人の共有に属するものであるから，この間に遺産である賃貸不動産を使用管理した結果生ずる金銭債権たる賃料債権は，遺産とは別個の財産というべきであって，各共同相続人がその相続分に応じて分割単独債権として確定的に取得するものと解するのが相当である。遺産分割は，相続開始の時にさかのぼってその効力を

生ずるものであるが，各共同相続人がその相続分に応じて分割単独
債権として確定的に取得した上記賃料債権の帰属は，後にされた遺
産分割の影響を受けないものというべきである。」

(注4)　　　　　　　　　　　　　　　　　　　　　annotation

最判昭和54年2月22日裁判集民事126号129頁

　「共有持分権を有する共同相続人全員によつて他に売却された右
各土地は遺産分割の対象たる相続財産から逸出するとともに，その
売却代金は，これを一括して共同相続人の一人に保管させて遺産分
割の対象に含める合意をするなどの特別の事情のない限り，相続財
産には加えられず，共同相続人が各持分に応じて個々にこれを分割
取得すべきものである」

(注5)　　　　　　　　　　　　　　　　　　　　　annotation

最大決昭和41年3月2日民集20巻3号360頁

　「遺産分割の請求，したがつて，これに関する審判は，相続権，相
続財産等の存在を前提としてなされるものであり，それらはいずれ
も実体法上の権利関係であるから，その存否を終局的に確定するに
は，訴訟事項として対審公開の判決手続によらなければならない。
しかし，それであるからといつて，家庭裁判所は，かかる前提たる
法律関係につき当事者間に争があるときは，常に民事訴訟による判
決の確定をまつてはじめて遺産分割の審判をなすべきものであると
いうのではなく，審判手続において右前提事項の存否を審理判断し
たうえで分割の処分を行うことは少しも差支えないというべきであ
る。けだし，審判手続においてした右前提事項に関する判断には既

判力が生じないから，これを争う当事者は，別に民事訴訟を提起して右前提たる権利関係の確定を求めることをなんら妨げられるものではなく，そして，その結果，判決によつて右前提たる権利の存在が否定されれば，分割の審判もその限度において効力を失うに至るものと解されるからである。このように，右前提事項の存否を審判手続によつて決定しても，そのことは民事訴訟による通条の裁判を受ける途を閉すことを意味しないから，憲法32条，82条に違反するのではない。」

(注6)　　　　　　　　　　　　　　　　　　annotation

最判昭和61年3月13日民集40巻2号389頁

「遺産確認の訴えは，右のような共有持分の割合は問題にせず，端的に，当該財産が現に被相続人の遺産に属すること，換言すれば，当該財産が現に共同相続人による遺産分割前の共有関係にあることの確認を求める訴えであつて，その原告勝訴の確定判決は，当該財産が遺産分割の対象たる財産であることを既判力をもつて確定し，したがつて，これに続く遺産分割審判の手続において及びその審判の確定後に当該財産の遺産帰属性を争うことを許さず，もつて，原告の前記意思によりかなつた紛争の解決を図ることができるところであるから，かかる訴えは適法というべきである。」

4

一部分割—907条

常岡史子

事案例 Xは令和元（2019）年8月1日に死亡した。Xの相続人は，妻Aと子のB及びCである。Bは，大学卒業後，大手企業に就職したが，職場での人間関係が原因で体調を崩し，現在は会社を辞めてフリーランスのプログラマーとして仕事をしている。Cは結婚して，夫と二人の子とともに隣町で生活しているが，子どもの年齢から，教育費にお金がかかっている。

XとAはXの年金と預金で生活していたが，Xの死亡によって年金の支給額がそれまでの月額22万円から13万円に減った。Xの遺産は，甲銀行の普通預金600万円と乙銀行の定期預金900万円，丙銀行の定期預金1,000万円及び自宅の土地建物（評価額2,500万円）である。また，Xの遺言はない。

X死亡後Aは生活費に当てるため預金の一部を引き出すことはできたが，その後，さらにXが死亡するまで利用していた介護施設の未払い利用料や風呂場の修理費用などが必要となり，Xの預金を利用することができず困っている。また，Bも相続税の支払いのための資金がなく，Xの遺産である銀行の預金をそれに当てたいと考えている。そのようななか，AがBとCを相手方として遺産分割調停を申し立てた。この遺産分割調停のポイントとして，何を押さえておく必要があるでしょうか。また，どのように調停の進行を図ればよいでしょうか。

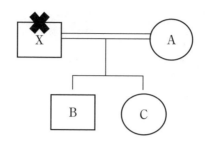

（1）　事実関係

　本件において遺産分割の対象となる財産は，甲銀行の普通預金600万円，乙銀行の定期預金900万円，丙銀行の定期預金1,000万円と自宅の土地建物です。Ａは，Ｘの死亡後自らの生活費に当てるために預金の一部を引き出していますが，これは民法909条の2に規定があり，そこで定められている範囲内で払戻しが認められています。

（2）　当事者の主張及び反論

（ア）Ａの主張

　今までＸの年金や預金によって生活してきたのに，Ｘの死亡によって年金の支給額は少なくなり，預金も一人では引き出せなくなったため，生活費に困っています。預金については一部の引き出しができたのですが，さらにＸの介護施設利用料の支払として50万円，自宅の風呂場の修理費用として100万円が必要となり，足りません。銀行から，よりまとまった金額の払戻しをしたいと考えています。そのため先に甲銀行の預金について遺産分割をして，当面必要な額の遺産をもらいたいです。

（イ）Ｂの主張

　相続税の支払いが必要となり，預金だけでも先に遺産分割することには賛成です。しかし，自分としてはこの機会に甲銀行の普通預金だ

けではなく，乙銀行と丙銀行の定期預金もあわせて遺産分割をして，遺産の預金を各自が活用できるようにしたいと考えています。

（ウ）Cの反論

遺産は，甲銀行の普通預金のほかに乙銀行と丙銀行の定期預金と自宅があります。特に自宅は金額も大きく，全体として遺産分割手続が進まなければ，遺産の預金をいくら貰えるかはわからないはずです。仮に，銀行の預金を先に遺産分割して渡したとして，後で取りすぎだと分かった場合にはどうなるのでしょうか。いったん渡した預金を返してもらうことはできないのではないでしょうか。そういう懸念がある以上，預金だけを先に遺産分割して分けてしまうことには反対です。

（**3**）考え方

（ア）Aについて

結論：Aは遺産の一部分割を求めることができます**（注1）**。ただし，一部分割の対象は，Aが主張する甲銀行の普通預金だけではなく，Bが主張する乙銀行と丙銀行の定期預金も含むことが考えられます。

理由：銀行の普通預金債権と定期預金債権は金銭債権ですが，共同相続人らが相続分の割合で当然に取得するのではなく，土地建物等他の相続財産とともに遺産分割によってその帰属が決定されます（最大決平成28年12月19日民集70巻8号2121頁，最判平成29年4月6日判時2337号34頁）。ただし，預貯金については民法909条の2に規定があり，各共同相続人は遺産分割前であっても同条に従って単独で一定の割合まで引き出すことができるとされています。Aも，この規定によりXの死亡後自らの生活費に当てるため預金の一部を引き出していました。しかし，民法909条の2で払い戻すことのできる金額には制限があるため，それを超えて遺産の預金を引き出したい場合，民法907条の一部分割**（注2）**や遺産分割審判事件を本案とする保全処分**（注3）**な

どの手段を取ることができます。

　民法907条は1項で「共同相続人は，次条第1項の規定により被相続人が遺言で禁じた場合又は同条第2項の規定により分割をしない旨の契約をした場合を除き，いつでも，その協議で，遺産の全部又は一部の分割をすることができる。」とし，協議による一部分割を認めています。さらに，2項本文で「遺産の分割について，共同相続人間に協議が調わないとき，又は協議をすることができないときは，各共同相続人は，その全部又は一部の分割を家庭裁判所に請求することができる。」と規定しており，家庭裁判所による一部分割の審判と調停（家事244条）も可能としています。

　本件では遺産分割を禁じるAの遺言はなく，A, B, Cは協議によって甲銀行の普通預金につき一部分割をすることができますが，協議が調わない場合は，家庭裁判所の遺産分割調停で一部分割をすることもできます。

（イ）Bについて

結論：Bは，Aが申し立てた甲銀行の普通預金だけではなく乙銀行と丙銀行の定期預金もあわせて一部分割をすることを求めることができます。

理由：遺産の一部分割については，分割の申立てをした相続人以外の共同相続人が遺産の全部分割または当初申し立てられたのとは異なる範囲の一部分割を求めることもできるとされています。その場合，当該共同相続人は，その旨の新たな申立てをする必要があります。それによって，分割の対象は，遺産の全部または当初の申立て部分に追加された申立て部分を含む拡張された遺産部分になります（堂薗＝野口87頁，88頁）。したがって，本件ではBが乙銀行と丙銀行の定期預金の一部分割を申し立てることにより，これらもAの申立てによる甲銀行の普通預金とともに遺産分割調停の対象となります。この場合，Aがあくまで甲銀行の普通預金の分割のみを求めるということはできないと考

えられています。相続人はいつでも遺産の分割をすることができるのであって（民907条1項），遺産の分割を望まないという意向は必ずしも法律上保障されているものではなく，そのような希望は法律上保護されるべき利益とはいえないことがその理由です（法制審議会・追加試案の補足説明29頁，30頁）。

　なお，審判の場合も同様にBは乙銀行と丙銀行の定期預金の一部分割を申し立てることができます。その場合，甲銀行の普通預金の分割と乙銀行・丙銀行の定期預金の分割は互いに包含関係にないため，裁判所は併合審理によって各申立てによる一部分割を行うと解されます（堂薗＝野口88頁）。

（ウ）Cについて

結論：遺産分割調停で預金債権の一部分割をすることは法律で認められていることですが，それによって他の共同相続人の利益を害するおそれがあるときには，一部分割に応じないことができると考えられます（民907条2項ただし書）。共同相続人の利益を害するおそれとは，遺産の一部を分割することによって，最終的にも適正な遺産分割をすることができるという明確な見通しが立たない場合を言うとされています。

理由：民法907条2項ただし書は，遺産分割審判において，遺産の一部分割によって他の共同相続人の利益を害するおそれがある場合，その一部分割の請求は認められないと規定しています。すなわち，「他の共同相続人の利益を害するおそれがない」ということが一部分割の実質的要件であると見ることができます。したがって，調停の場合も，他の共同相続人の利益を害するおそれのないことが調停成立のための要件となると考えられます。

　遺産分割では，共同相続人に対する生前贈与等の特別受益（民903条）や寄与分（民904条の2）を考慮した上で算定される具体的相続分をもとに遺産の分割が行われます。「他の共同相続人の利益を害するおそれがない」かどうかについては，特別受益である生前贈与等の有無や

その額を考慮した上で，一部分割を行っても残余の遺産の分割に支障が出ないか，代償金の支払いによる代償分割や換価分割で解決できる可能性があるかなど，諸事情を総合的に勘案して判断することが必要です。

（4） 調停進行のあり方

　本件では，ＡとＢの申立てに従い，甲銀行の普通預金及び乙銀行と丙銀行の定期預金を一部分割の調停の対象とすることができます。ただし，Ｃは，一部分割によって銀行の預金を先に分割して各自が取得した後で，ＡやＢが取りすぎたと分かった場合の対応に不安を持っています。一部分割の調停が成立するとその対象となった財産に関する遺産分割は確定しますので，いったん分割した預金について他の共同相続人に返還するといった義務は生じません。そして，遺産分割は具体的相続分に基づいて行われるのが原則ですので，一部分割に際してはＡやＢがＸから生前に贈与を受けていないか，Ｃに寄与分がないか等についても確認しておくことが大切になります。

　また，甲銀行，乙銀行，丙銀行の預金全てを一部分割の対象とした場合，残余の自宅の土地建物の分割の際に，ＡやＢがその所有権や共有持分権を取得したり，Ａが配偶者居住権を取得することを希望しても，代償金を支払うことができないという事態が生じることも考えられます。そのような場合には，銀行預金債権全部ではなくたとえば甲銀行の普通預金のみを一部分割の対象として調停を成立させることや，そもそも一部分割は相当ではなく，申立ての趣旨を拡張して遺産の全部分割をすることも検討する必要があるでしょう。

　なお，協議や調停による遺産分割では，当事者が合意すれば具体的相続分や法定相続分（民900条）・指定相続分（民902条）と異なる割合で分割をすることもできます。したがって，Ｃが，一部分割後の遺産の残部分割において自己の具体的相続分を確保できなかったとしても支障ない，それを承知の上で一部分割の調停を成立させるという意思

をもって一部分割に合意した場合は，有効に調停が成立します。それに対して，Cがそのような明確な意思をもって合意したのでなければ，成立した合意が相当でないとして調停不成立（家事272条1項）になる可能性があります（日本弁護士連合会編・改正相続法のポイント68頁〔加藤祐司〕）。当事者である共同相続人らの意思を慎重に確認しながら，調停進行を図ることが求められると言えるでしょう。

2　一部分割調停における調停条項

（1）考え方

　一部分割の調停は，対象となる遺産につき他の遺産とは分離し独立に分割する旨の合意によって成立します（片岡＝菅野428頁。大阪家審昭和40年6月28日家月17巻11号125頁参照）。そして，一部分割調停が成立した場合には，調停条項において一部分割であることを明示しておく必要があります。また，当該一部分割が残部分割に影響を及ぼすか否かについても調停条項で明確にしておかなければなりません。影響を及ぼすか否かによって，調停条項の内容が変わるからです。

　上述のように，一部分割調停は，対象となった遺産を残余の遺産から分離独立して分割するとの合意に基づくものです。そのことからすれば，通常は，一部分割が残余の遺産の分割に影響を及ぼさない旨の条項を入れておくべきと考えられます。

（2）調停条項の内容

　一部分割調停の調停条項作成においては，①遺産目録に被相続人の全遺産を記載すること，②遺産目録中，一部分割をする遺産を明示し，手続きを分離しておくことが必要です。さらに，③分離した遺産についてのみ分割の合意が成立したこと，④残余の遺産につき遺産分割の申立ての取下げや調停不成立とそれによる審判移行があったとしても，一部分割の合意は有効に成立していること，⑤残部分割において

一部分割による取得分を考慮しないとする合意があること，⑥残部分割調停が不成立となり，審判移行した場合において，③④⑤の合意を前提とする審判に対して異議を述べないことを，調停調書に明示しておくこととされています（片岡＝菅野429頁）。なお，そのうち⑤については，残部分割において一部分割による取得分を考慮するとの合意をすることも可能です。その場合は，一部分割した遺産に関し具体的相続分などを明記しておくことが必要です（片岡＝菅野429頁）。

3　遺産分割以前の一部分割協議の取り扱い

（1）事実関係

　遺産分割調停以前に共同相続人間で預金等について一部の協議分割がなされていた場合，その結果は遺産分割調停に影響を及ぼすかという問題があります。本件について見れば，共同相続人であるA，B，C間で先に自宅の土地建物について協議で一部分割をして，これをAが単独で取得することになったが，この分割協議成立後に，Bが残りの遺産である甲銀行，乙銀行，丙銀行の預金債権全部の分割調停を申し立てたような場合です。

　先に行われた一部分割協議の結果が遺産分割調停に影響を及ぼすか否かは，基本的に一部分割協議をした当事者らの意思にかかると解されますが，その意思が明確でない場合はどうでしょうか。いずれと解するべきかについては，裁判例でも争いがあります。

（2）当事者の主張及び反論

（ア）Bの主張

　本件遺産分割以前に，皆で話し合って遺産を分けましたが，その際Aは自宅の土地建物を取得したので，それを今回の遺産分割調停で考慮するのは当然だと思います。しかも，Aは，Xの生前に遺産の前渡しの趣旨でまとまったお金をXから受け取っています。X死亡後も自

宅に住み続けたいという A の希望を入れて，自宅の土地建物を A が取得するとの遺産分割協議を成立させましたが，それによって A は遺産を相続分と同じかそれよりも多くもらったことになります。それを今回の遺産分割で考慮することは当然です。

（イ）C の主張

前に遺産分割協議をして，そこで A が自宅の土地建物を取得することで B と C も合意しました。残りの遺産である 3 件の銀行預金については，その時は話し合いの対象とせず，まず自宅をどうするかだけを決めたのです。A が自宅を取得したことが，甲銀行，乙銀行，丙銀行の預金債権の遺産分割に影響するかどうかについては何も話していなかったと思います。

（ウ）A の反論

以前に行った遺産分割協議は，今回の遺産分割調停とは切り離して行われた別個のものです。A が遺産分割協議で自宅の土地建物を取得したことは事実ですが，その結果が今回の遺産分割調停に影響するとは考えられません。

（3） 考え方

裁判例には，先に行われた遺産の一部分割協議が残余の遺産の分割に影響することを認めるもの（東京家審昭和 47 年 11 月 15 日家月 25 巻 9 号 107 頁，大阪家審昭和 51 年 11 月 25 日家月 29 巻 6 号 27 頁）があります。平成 30 年の「民法及び家事事件手続法の一部を改正する法律」によって民法 907 条で一部分割が認められるようになる前の裁判例ですが，東京家審昭和 47 年 11 月 15 日は，一部分割協議が成立した場合，残部分割において先の一部分割の対象となった遺産を除外して分割を行なうべきかどうかについては，「残余財産の分割において，遺産全体の総合的配分の公平を実現するために，残余遺産についてのみ法定相続分に従つた分割で足りるか，一部分割における不均衡を残余遺産の分配において修正し，遺産全部について法定相続分に従う分割を行なうべき

か」が問題となり，これは一部分割をした際の当事者の意思表示の解釈によって定まるとしています。そして，共同相続人らが一部分割における自己の相続分の不足に関して持分の放棄や譲渡の意思をもって分割した場合には，残余遺産についてのみ相続分に従った残部分割をする方法を承認したものと見ることができるが，そのような特段の意思表示がないときは，先の一部分割における不均衡を残部分割で修正し，遺産全体として相続分に従った分割をする方法を承認したと推認するべきであると述べています。それによれば，一部分割協議に際して共同相続人らが別段の意思表示をしていないときは，後の遺産分割では，一部分割協議が有効であることを前提として残余の遺産のみを分割の対象としつつ，遺産全体の総合的配分の観点から共同相続人間の公平が保てるように，残部分割で調整すべきことになると解されます（上掲大阪家審昭和51年11月25日も同旨）。

　現在の家庭裁判所の実務においても，遺産の一部分割協議が有効に成立した場合，そこで対象となった遺産は後の遺産分割の対象から外れ，残余の遺産のみが分割の対象となると解されています。ただし，一部分割協議の内容が共同相続人間に不公平をもたらすものである場合には，残余の遺産の分割において，公平の観点から，先行する一部分割で遺産を取得した相続人の取得分に影響を及ぼすこともあるとの扱いによっているとされます（片岡＝管野431頁）。

（4）調停進行のあり方

　先に行われた遺産の一部分割協議で，当事者であるA，B，Cがどのような趣旨で遺産分割をしたのかを確認しておくことが必要です。Aが自宅の土地建物を取得することについて合意した際，BとCは自己の相続持分を放棄しまたはAに無償で譲渡する意思であったときには，残余の遺産である3件の銀行預金債権の遺産分割において前の一部分割協議の結果は影響を及ぼさないと言えます。しかし，そのような特段の意思表示が認められないときは，自宅の土地建物に関する

一部分割協議で生じた不均衡を後の遺産分割で調整するため，A の取得分に影響を与える場合もあり得ると考えられます。

<hr>

注釈 annotation

<hr>

（注 1）

遺産の一部分割について

（1）一部分割制度の新設

平成 30 年の「民法及び家事事件手続法の一部を改正する法律」によって，遺産分割協議や遺産分割の調停・審判において遺産の一部分割ができることが民法 907 条で明記されました。すなわち，共同相続人は，被相続人が遺言で禁じた場合（民 908 条 1 項）等を除き，いつでもその協議で遺産の全部または一部の分割をすることができます（民 907 条 1 項）。また，遺産の分割について，共同相続人間に協議が調わないときや協議をすることができないときは，各共同相続人は，遺産の全部または一部の分割を家庭裁判所に請求することができます（民 907 条 2 項本文）。

これまでも，共同相続人が協議によって遺産の一部の分割を行うことは問題なく，また，遺産分割調停でも共同相続人らが他の遺産と切り離して一部の遺産の分割を行うことに合意していれば，一部分割の調停は可能であるとされていました。たとえば，遺産の一部分割協議について，前掲東京家審昭和 47 年 11 月 15 日 (☞ 3（3））は，「一部分割自体については，一部分割をなすについて合理的理由があり，かつ民法 906 条所定の分割の基準に照らして遺産全体の総合的配分にそごを来さず，残余財産の分配によつて相続人間の公平をはかることが可能であるかぎり，当事者間に成立した一部分割を当然無効とする必要はない」と述べた上で，当該一部分割協議につ

いては，相続税申告に際し遺産として存在が明らかであるものをまず分割する意図であったこと，一部分割した遺産を除いても不均衡を是正するに足りる残余財産があることから，一部分割を行う合理的理由があったと認めて，この一部分割協議を有効としました。

　一方，遺産分割審判については，遺産の全部に関して分割の審判が申し立てられた場合に，その一部について家庭裁判所が分割審判を行うことはできましたが（家事73条2項），一部分割の審判の申立てができるかについては明文の規定がありませんでした。ただし，家庭裁判所の実務では，従来，①一部分割をすることに合理的な理由があり（一部分割の必要性），かつ，②一部分割をすることで，民法906条の基準に基づく遺産全体に関する適正で公平な分割に問題が生じないときには（一部分割の許容性），一部分割の審判も可能であるとの扱いがされていました。たとえば，大阪高決昭和46年12月7日家月25巻1号42頁は，「遺産分割においては遺産の全部について行うのが相当であるけれども，遺産の範囲に争があつて訴訟が係属しているような場合において（筆者注：必要性の要件），遺産の一部の分割をするとすれば，民法906条の分割基準による適正妥当な分割の実現が不可能となるような場合でない限り（筆者注：許容性の要件），遺産の一部の分割も許される」と述べています。平成30年の改正はこれらの先例を踏まえ，民法907条で協議はもちろん調停・審判においても遺産の一部分割ができることを認めた上で，その要件を法律上明確にしたという点に意義があります。

（2）一部分割の要件と効果

　民法907条で遺産の一部分割の協議や調停・審判が法律上認められることになった背景には，どの範囲の遺産を分割の対象とするかについては当事者に処分権があるという相続人の遺産に対する処分権限の尊重と，共同相続人らが一部分割に合意している場合はそれを妨げるに及ばず一部分割をすることに合理性があるという考え方が見られます。特に，相続人の処分権限に基礎を置く発想のもとで，

民法907条では改正前の家庭裁判所実務で審判分割について採られていた一部分割の必要性の要件は取り入れられていない点が注目されます。

　一方，一部分割の許容性は，遺産の一部の分割によって他の共同相続人の利益を害するおそれがある場合，家庭裁判所は一部分割をすることはできないという形で，法律上の要件となっています（民907条2項ただし書）。そこに言う「他の共同相続人の利益を害するおそれ」とは，共同相続人の一部の者への贈与の有無やその金額等の特別受益の状況，一部分割に伴い代償金を支払うことによる解決の可能性とその支払いのための資力など諸事情を総合的に考慮した上で，最終的に適正な遺産分割を達成できるという明確な見通しが立たない場合を指すとされています（堂薗＝野口90頁）。このようなおそれがある場合，家庭裁判所は一部分割の審判の請求を不適法として却下することになります。これは，遺産分割当事者に処分権があることを認めた上で，適正な遺産分割を行うことできない場合にはそれを制約し，家庭裁判所が後見的に介入するという姿勢の表れであると解されます。ただし，裁判所としては釈明権を行使して，一部分割の申立ての範囲の拡張につき当事者に確認をするという運用がされるものと考えられます（法制審議会・追加試案の補足説明30頁）。

　新法のもとで民法907条に基づき遺産の一部についての分割を求める審判が申し立てられたときは，残りの遺産について審判事件は係属しません。他の共同相続人が申立てのあった遺産とは異なる範囲の遺産の分割を求めようとするときは，それについて新たな申立てをすることが必要となります（堂薗－野口88頁）。

遺産分割前の預貯金の払戻し——民法909条の2による預貯金の仮払い

　最大決平成28年12月19日民集70巻8号2121頁は，金融機関に預け入れた普通預金債権と通常貯金債権，定期貯金債権について，相続によって当然に共同相続人間で相続分に応じて分割されるのではなく，遺産分割の対象となるとの判断を下しました。またその後，最判平成29年4月6日判時2337号34頁も定期預金債権と定期積金債権について同様の判決をしています。このような判例の動きに対応するため，平成30年の法改正では，遺産分割前に各共同相続人が被相続人の遺産である預貯金債権から一定額を単独で引き出すことができるよう，民法909条の2が新設されました。それによれば，各共同相続人は，遺産である預貯金債権について，相続開始時の債権額の3分の1に各自の法定相続分を乗じた額の払戻しを受けることができます。ただし，法務省令によって，実際の払戻し額は預貯金の預け入れ先の金融機関ごとに150万円を上限とすると定められています（平成30年法務省令第29号）。そして，これらの規定に基づいて各共同相続人に払い戻された預貯金債権は，当該共同相続人が民法907条の遺産の一部分割によって取得したものとみなされます。

遺産分割前の預貯金の払戻し——民法909条の2の限度額を超える払戻し

（1）家事事件手続法200条3項の保全処分

　民法909条の2の限度額を超える金額を金融機関から払い戻す

必要がある場合については，平成30年の法改正によって家事事件手続法200条に3項が加えられ，家庭裁判所の遺産分割審判事件を本案とする保全処分として行うことができるようになりました。それにより，家庭裁判所は，①遺産分割の審判または調停の申立てがあった場合，②相続財産に属する債務の弁済，相続人の生活費の支弁その他の事情により，遺産に属する預貯金債権を遺産分割の調停・審判の申立人または相手方が行使する必要があると認めるときは，③その申立てによって，④遺産に属する特定の預貯金債権の全部または一部をその者に仮に取得させることができます。ただし，⑤他の共同相続人の利益を害しないことを要します。

　この処分は民法907条の一部分割ではなく，家庭裁判所の遺産分割手続における預貯金債権の仮分割の仮処分に当たります。仮分割によって相続人に預貯金の一部が給付された場合でも，本案である遺産分割事件では原則としてそれを考慮するべきではなく，仮分割された預貯金債権を含めて遺産分割の調停または審判をするべきであるとされています。その場合，金融機関との関係では相続人への預貯金債権の払戻しは有効な弁済として扱われ，後は共同相続人間における代償金の支払い等によって処理されることになります。

（2）民法907条の一部分割と預貯金の仮払い・仮分割

　改正後の現行法のもとでは，遺産分割前であっても，民法909条の2の仮払いまたは家事事件手続法200条3項の仮分割の仮処分によって，共同相続人が各自遺産である預貯金から払戻しを受けることが可能です。しかし，民法909条の2については払戻し額に上限があり，また家事事件手続法200条3項の仮分割は，相続財産に属する債務の弁済，相続人の生活費の支弁その他の事情により遺産に属する預貯金債権を相続人が行使する必要があると認められることという要件が付されています。一方，本講の事案例のように，被相続人Xの死亡後にXの介護関係の費用や生存配偶者であるAの住居費の支弁，相続人である子Bによる相続税の納税のための資金の

調達など仮払い制度の枠を超えた金銭が必要となるケースもあります。そのようなケースでは，仮払いや仮分割にとどまらず，民法907条に基づいて預貯金債権等を先に一部分割し，遺産分割を進めることが有用であると言えます。

参考文献

堂薗幹一郎＝野口宣大『一問一答 新しい相続法—平成30年民法等（相続法）改正，遺言書保管法の解説〔第2版〕』〔商事法務・2020〕

法制審議会民法（相続関係）部会「中間試案後に追加された民法（相続関係）等の改正に関する試案（追加試案）の補足説明」

日本弁護士連合会編『改正相続法のポイント—改正経緯をふまえた実務の視点—』〔新日本法規・2018〕

片岡武＝管野眞一編著『家庭裁判所における遺産分割・遺留分の実務〔第4版〕』〔日本加除出版・2021〕

5

相続分の譲渡・放棄

浦木厚利

 事案例 現在，○○家庭裁判所において，父Ｘの死亡による相続の関係で，遺産分割調停が行われています。Ｘの相続人は，妻Ａと子兄Ｂと弟Ｃです。弟Ｃは，自分としては生活に余裕があるが，兄Ｂは生活が苦しそうであるので，調停手続きにおいて，自己の相続分を，兄に譲渡したいと思っている。その場合，家庭裁判所としては，どのような点に留意してどのように手続きを進めるべきか。

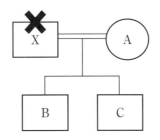

1 相続分の譲渡

（1） このような場合には，家庭裁判所の調停実務においては，相続分の譲渡等手続が行われていますので，まず相続分の譲渡について述べます。

　相続分の譲渡は，遺産全体に対する共同相続人の包括的持分又は法律上の包括的地位を譲渡すること，すなわち，積極財産と消極財産と

を包含した遺産全体に対する譲渡人の割合的な持分の移転をいいます。

さらに，上記持分については，法定相続分と解する説（鈴木禄弥『相続法講義（改訂版）』〔創文社・1996〕187頁と具体的相続分と解する説（伊藤昌司『相続法』〔有斐閣・2002〕225頁ほか多数）がありますが，多数説は，具体的相続分と解しています。

もっとも，具体的相続分は，遺産分割手続きを経て，はじめて確定しますで，相続分の譲渡では，通常譲渡時に相続分は確定していません。したがって，相続分の譲渡がなされても，譲渡人が多額の特別受益を得ていた結果，譲受人が，遺産分割手続きにおいて相続財産を取得できないことがあります。

相続分の譲渡は，民法に直接の根拠規定があるわけではありませんが，民法905条1項は，共同相続人の一人が遺産分割前にその相続分を第三者に譲渡したときは，他の共同相続人はその価額及び費用を償還して，その相続分を取り戻すことができるとしていますが，この規定は，相続分を第三者に譲渡ができるのを前提としていることから，相続人は，遺産分割前において自己の上記の意味での相続分を相続人に対しても譲渡することができると解されています（最判平成13年7月10日民集55巻5号955頁）**(注1)**。

（2）　相続分の譲渡は，たとえば，内縁の配偶者などの相続人と実質的に同旨できる第三者に相続分を譲渡することにより，第三者が遺産分割に関与できるようになりますし，相続人が多数いるような場合で，外国に居住している関係があるなどのため，その相続分を他の相続人に譲渡することにより，当事者を整理することができます。また，他の相続人に譲渡する場合には，相続放棄や遺産分割に類似した役割を果たすことができます。

相続分の譲渡により，譲渡人の相続分が譲受人に移転し，譲受人は譲渡人の相続財産全体に対する分数的割合をそのまま取得するから，譲受人は遺産共有者としての地位を取得します。譲受人が共同相続人の一人である場合には，その者の相続分は，譲受け前のものに譲りう

けたものを加えたものとなりますし，譲受人が第三者である場合は，その者は譲受人の有していた相続分を有する者として相続人の一人と同様の立場に立つことになります。したがって，法定相続人ではない者も含めて，譲受人は遺産分割に加わることができると解されています。

なお，相続分の一部の譲渡ができるかどうかについては，争いがあるところです。この点については，場合を分けて考える必要があります。

共同相続人間における譲渡，たとえば事例において，Cの持分4分の1の半分である8分の1をBに譲渡する場合は，譲渡人も譲受人も元から共同相続人ですから，相続分の一部譲渡を許したとしても，共同相続人の総数は増えないので，これを認めても，遺産分割手続きの複雑化・長期化を招来することになりませんので，これを認めても良いのではないかと考えられます。

これに対し，共同相続人が，その相続分の一部を第三者に譲渡する場合については，肯定説（『新版注釈民法（27）（補訂版）』〔有斐閣・1988〜2015〕281頁〔有地亨＝二宮周平〕）と否定説（中川善之助＝泉久雄『相続法（第4版）』法律学全集〔有斐閣・2000〕303頁，松原正明『全訂判例先例相続法Ⅱ』〔日本加除出版・2022〕223頁）に分かれていますが，これを認めてしまうと，共同相続人がそれぞれ，相続分の一部譲渡を第三者にすることを考えますと，遺産分割手続きがいたずらに複雑かつ長期化してしまうことになりますので，これは認めるべきではないと考えます（新注釈民法（19）相続(1)〔有斐閣・2019〕321頁〔本山敦〕）。

相続分を譲りうけた場合，譲受人は，譲渡を受けた割合的持分に相当する積極財産のみならず，債務を承継することになりますが，譲渡は債権者の関与なくしておこなわれますので，債権者との関係は直ちには移転せず，債務引受の問題となります。

相続分の譲渡をした場合，譲渡人の相続分は譲受人に移転するので，遺産分割手続において譲渡人は当事者とはなりえないと解されて

います（前掲・松原『全訂判例先例相続法Ⅱ』238頁参照。「相続分の譲渡が行われた場合，遺産に対する権利すなわち相続分を有する譲受人が当事者となり，譲渡人は当事者の地位を失う。」）。

相続財産中の債権が含まれる場合，それが一般の金銭債権については，相続開始と同時に相続分の割合で共同相続人に帰属し（最判昭29年4月8日民集8巻4号819頁），それを含んだ相続分が相続分の譲受人に譲渡されたことになります。

相続分の対象の中に，預貯金債権が含まれていた場合については，同債権は遺産分割の対象となる相続財産であるから（最大決平成28年12月19日民集70巻2121頁），譲渡された相続分には預貯金債権も含まれる。預貯金債権には，譲渡禁止特約が付されているのが一般であろうから，被相続人から相続人への預貯金債権の移転は相続であり包括承継であるので，その特約違反にはならないと解されますが，相続人から第三者への譲渡は特定承継であるので，同特約に違反する可能性もあるので，金融機関，専門家に相談するのが得策です。

なお，共同相続人間においてされた無償での相続分の譲渡は，民法903条1項に規定する「贈与」に該当することになりますので，譲渡をした者の相続において特別受益として考慮されることに注意すべきです。

また，遺産共有（民898条）は，遺産分割によって具体的な財産の帰属がそ及的に定まる（同909条）までの暫定的な法状態ですが，それまでの間は物権的な通常の共有と異ならないと理解されています（最判昭和30年5月31日民集9巻6号793頁参照）。

そうすると，相続分の譲受人は，相続分を取得することに伴って，具体的な相続財産に対する権利又は共有持分も併せて取得するが，その状態も遺産分割までの暫定的な法状態であると理解されます。

たとえば，上記事例において，被相続人X所有の土地が持分3分の1とする相続を原因とする共有登記がされているが，遺産分割がまだ行われていない場合で，Bが，その土地の持分3分の1を第三者Dに

譲渡し，Dに持分移転登記をした場合，土地の分割は，遺産分割手続によるのではなく，物権法上の共有物分割手続手続きによることになります。

ただし，令和3年改正による民法258条の2（令和5年4月1日施行）に留意すべきです。

（3）相続分譲渡は，有償または無償の契約です。

また，相続分の譲渡は何らの方式も必要ではなく，口頭でもできますが，遺産分割前に行わなければなりません。

相続分の譲渡は，それ自体の公示方法はなく，遺産に属する個別財産の持分の譲渡とは異なりますから，相続分につき二重譲渡がなされた場合にも，先になされた譲渡が優先し，対抗要件は問題にならないと考えられています（梶村太市＝雨宮則夫編『現代裁判法大系12〔相続・遺言〕』〔新日本法規・1999〕45頁〔松津節子〕）。

相続分の全部譲渡は，譲渡人に帰属した相続人としての地位を包括的に譲受人に譲渡することになります。その場合の，遺産分割調停実務における相続分の譲渡の具体的な手続は，相続分譲渡証明書と印鑑登録証明書を提出してもらい，家庭裁判所は，相続分を譲渡した相続人を当該遺産分割調停手続きから排除する旨の決定をします（家事258条1項・43条1項準用，金子修編著『逐条解説家事事件手続法（第2版）』〔商事法務・2022〕203頁）。

家庭裁判所の，排除決定については，即時抗告をすることができます（家事258条1項・43条2項準用）が，実務においては，相続分譲渡をした相続人に，排除決定に対して即時抗告権を放棄する旨の「即時抗告権放棄書」の提出をもとめているのが普通です。

なお，遺産分割調停において，特別受益や寄与分が問題となるようなときに，その事情を譲渡人の方が知っているような場合には，譲渡人を利害関係人として参加してもらうのが通常です。

（4）事例に即してまとめますと，Cに家庭裁判所に対し，自己の相続分をBに譲渡する旨の書類（上記3の譲渡証明書と印鑑登録証明書）を

提出してもらい，家庭裁判所がそれを受けて，排除決定をした場合に，その旨の調停条項としては，中間合意として，次のような条項を作成しています。

「当事者全員は，被相続人の相続人が申立人A，相手方B，同Cの3名であること，相手方Cはその相続分をBに譲渡して，本手続きから排除されたこと，Cの相続分譲渡と手続からの排除により本件遺産分割の当事者はCを除いたAとBであることを確認する。」**(注2)**

2 相続分の放棄

事案例 上記1の事例で，二男Cは，遺産分割調停手続きは時間がかかると聞いていること，現在生活にも余裕があるし，被相続人の遺産はそれほどでもないので，遺産分割調停手続きから離脱したい。しかしながら，母Aと兄Bとも関係が良いとはいえないので，誰かに相続分を譲渡する気持ちはない。相続債務はないと聞いている。家庭裁判所としては，どのように調停手続きを進めるべきか。

（1）　相続分の変動される場合として実務上相続分の放棄という手続きが認められています。相続分の放棄は，条文にはありませんが，たとえば，相続人の一人が，農業等の家業を一人の相続人に承継させたい場合や本事例のように相続人間に争いがあり，遺産分割終了までに相当な期間を要するときに，この争いに関与することを拒否するような場合に，熟慮期間経過後遺産分割までに相続分を放棄するということが実務上認められています。

本人の意思であることを明確化するために，本人の署名と実印の押印，印鑑登録証明書の添付を求めています。

相続分の放棄の効果としては，相続放棄とは異なり，自己の相続分

を放棄するものであり，相続人としての地位を失うことはなく，相続債務についての負担義務は免れないことになります。相続分の放棄によって相続債務を免れることができないのは，債務はそれに対応する債権者の存在があり，その同意を得る必要があるからです。

　なお，相続分の放棄について必要な書面が提出されますと，家庭裁判所が相続分を放棄した相続人について遺産分割調停手続きから排除する旨の決定をすることは，相続分の譲渡の場合と同様です。

　その場合，本事例においてその旨の調停条項例としては，「当事者全員は，相手方Ｃが自己の相続分を放棄したことにより当事者資格を喪失し，本遺産分割調停手続の当事者から排除されたことを確認する。」というように作成しています。

　（２）　相続分の放棄についての性質については，いろいろな考え方があります。民法905条の類推適用として認められるとして，契約でなく一方的意思表示による点で相続分譲渡とは異なるが，基本的にそれと同じ法的規制に服せしめられるとする考え方（小山昇「遺産分割事件における当事者適格」家月34巻3号3頁），遺産分割にあたり自己の取得分をゼロとする事実上の意思表示とする考え方などがあります。

　家庭裁判所実務においては，共有持分権を放棄する意思表示と考えて相続分放棄者の相続分が他の相続人に対して相続分に応じて帰属すると解する考え方が有力とされています（片岡武＝菅野眞一編著『第4版家庭裁判所における遺産分割・遺留分の実務』〔日本加除出版・2021〕130頁）。

　先に述べたように，農業等の家業を一人の相続人に承継させたい場合などにおいて，多数の相続人が存在する場合，順次放棄をし，その都度計算することは煩であるので，当事者の意向を確認のうえ，相続放棄と同様に当該相続人は最初から相続人とならなかったと処理することもされています。すなわち，相続分の放棄は，相続放棄と同様な機能を果たしているともいえます。ただし，（1）の記載のとおり，相続放棄とは異なるので，相続債務がある場合には，相続分を放棄した者も相続債務の負担を免れません。

なお，実務においては，相続分を放棄したいという場合には，よくその意向を聞いてみますと，実質的には，共同相続人の全員若しくは特定の共同相続人に対する無償の相続分譲渡の意向である場合もかなり多く見受けられるように思います。その場合には，黙示的に譲渡契約がなされたとみるほうが素直であり，そのように構成するのが自然な解釈であると思います。

（3）　相続分の放棄がなされ場合，実務の有力な考え方によりますと，相続分の放棄者の相続分が他の相続人に対して相続分に応じて帰属することになりますので，本事例の場合，二男の相続分の4分の1は，残された相続人AとBの相続分率に応じて再配分されます（前掲・片岡＝菅野131頁参照）。

（4）　事例に即してまとめますと，Cにおいて家庭裁判所に対し，自己の相続分を放棄する旨の書類（上記(1)の本人の署名と実印の押印，印鑑登録証明書の添付）を提出してもらい，家庭裁判所がそれを受けて，排除決定をした場合に，その旨の調停条項としては，中間合意として，次のような条項を作成しています。

　「当事者全員は，相手方Cが自己の相続分を放棄したことにより当事者資格を喪失し，本遺産分割調停手続の当事者から排除されたことを確認する。」というように作成します「当事者全員は，被相続人の相続人が申立人A，相手方B，同Cの3名であること，相手方Cはその相続分をBに譲渡して，本手続きから排除されたこと，Cの相続分譲渡と手続からの排除により本件遺産分割の当時者はCを除いたAとBであることを確認する。」

　　　　その結果，修正後の相続分は，A2分の1，B4分の1，AとBの相続分の比は，2分の1：4分の1＝4分の2：：4分の1＝2：1

　　　　AとBの相続分率は，A＝2／（2＋1）＝2／3，B＝1／（2＋1）1／3

　　　　二男Cの相続分を，A，Bの相続分率で再配分し，元の相続分

に加える。

　　A＝（2／3×1／4）＋1／2＝2／3（確定）

　　B＝（1／3×1／4）＋1／4＝1／3（確定）

そして，相続分放棄者以外の相続人の各相続人の各相続分の合計は，

　　1／2＋1／4＝3／4①

①の右辺が1となるように左辺を修正します。

　　3／4×4／3＝1

　　A　1／2×4／3＝2／3（確定）

　　B　1／4×4／3＝1／3（確定）

　　A＋Bの加えますと合計1

　つまり，各自の相続分に放棄者を除く相続分の逆数を乗じた数値が最終的な相続分となります。

注釈 annotation

（注1）　　　　　　　　　　　　　　　　　　　　　　annotation

1　「共同相続人間で相続分の譲渡がされたときは，積極財産と消極財産とを包括した遺産全体に対する譲渡人の割合的な持分が譲受人に移転し，譲受人は従前から有していた相続分と新たに取得した相続分とを合計した相続分を有する者として遺産分割に加わることとなり，分割が実行されれば，その結果に従って相続開始の時にさかのぼって被相続人からの直接的な権利移転が生ずることになる。このように，相続分の譲受人たる共同相続人の遺産分割前における地位は，持分割合の数値が異なるだけで，相続によって取得した地位と本質的に異なるものではない。」。なお，最判昭和53年7月13日集民124号317頁も，「民法905条1項によって取戻しの対象となる相続分譲渡とは，積極財産と消極財産とを包括した遺産全体

に対する相続分の包括譲渡をいうものと解すべきであるから，本件のように遺産に属する特定不動産たる本件係争地の共有持分権の譲渡のようなものは，右規定による取戻しの対象とはならない」と判示した原判決を正当として是認しており，通説にたつことを明らかにしたものと理解されている（最高裁判例解説民事編平成13年度（下593頁））。

（注2）

家事調停条項例集（第2版）（公益財団法人日本調停協会連合会）66頁【98】

6

特別受益

佐野みゆき

事案例 1 Xは，令和3（2021）年7月1日に死亡した。相続人は Xの先妻との間の長男A，長女B及び後妻Cである。遺言書はない。Xの相続財産は合計3,000万円である。長男Aが妹であるB及び後妻Cに対して遺産分割調停を申し立てた。そのなかでそれぞれの当事者から次のような主張がなされ，それに対する反論がなされている。調停委員としては，当事者の主張及び反論をどのように理解整理し，調停の進行を図るべきでしょうか。

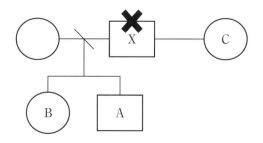

1 生命保険金について

（1） 事実関係

　Xは，自身の死後の妻Cの生活を案じ，自身の生命保険の受取人をCとして，2,000万円の死亡保険金をかけていた。

（2） 当事者の主張及び反論

（ア） Ａの主張

Ｃは被相続人の死亡保険金2,000万円も受け取っています。保険金は遺産から出た保険料の代わりに受け取ったもので遺産の前渡しを受けたことになりますから相続分から差し引くべきです。保険金を除いた遺産は3,000万円ですからそうしないと不公平です。

（イ） Ｃの反論

死亡保険金は遺産ではなく，保険料の対価でもありません。

（3） 考え方

結論：本件では相続開始時の相続財産総額3,000万円に対し生命保険総額が2,000万円と遺産総額に対する生命保険額の比率が66.7％と高く，後妻Ｃと同居していたという関係を踏まえても，民法903条の規定が類推適用されることにより**(注1)**，持ち戻しの対象となる可能性があると思われます。

理由：最高裁平成16年10月29日判決民集58巻7号1979頁は，「被相続人が自己を保険契約者及び被保険者とし，共同相続人の一人又は一部の者を保険金受取人と指定して締結した養老保険契約に基づく死亡保険金請求権は，その保険金受取人が自らの固有の権利として取得するのであって，保険契約者又は被保険者から承継取得するものではなく，これらの者の相続財産に属するものではないというべきである」，「死亡保険金請求権は，被保険者が死亡した時に初めて発生するものであり，保険契約者の払い込んだ保険料と等価関係に立つものではなく，被保険者の稼働能力に代わる給付でもないのであるから，実質的に保険契約者又は被保険者の財産に属していたものとみることはできない」として生命保険金請求権が遺産であることを否定し，「上記の養老保険契約に基づき保険金受取人とされた相続人が取得

する死亡保険金請求権又はこれを行使して取得した死亡保険金は，民法903条1項に規定する遺贈又は贈与に係る財産には当たらない」とその特別受益性を否定しています。もっとも，「その死亡保険金請求権の取得のための費用である保険料は，被相続人が生前保険者に支払ったものであり，保険契約者である被相続人の死亡により保険金受取人である相続人に死亡保険金請求権が発生することなどにかんがみると，保険金受取人である相続人とその他の共同相続人との間に生ずる不公平が民法903条の趣旨に照らし到底是認することができないほどに著しいものであると評価すべき特段の事情が存する場合には，同条の類推適用により，当該死亡保険金請求権は特別受益に準じて持戻しの対象となると解するのが相当である。」と判示しています。そのうえで，上記特段の事情の有無については，「保険金の額，この額の遺産の総額に対する比率のほか，同居の有無，被相続人の介護等に対する貢献の度合いなどの保険金受取人である相続人及び他の共同相続人と被相続人との関係，各相続人の生活実態等の諸般の事情を総合考慮して判断すべきである。」としています。この特段の事情につき，肯定した裁判例として，東京高決平成17年10月27日家月58巻5号94頁，名古屋高決平成18年3月27日家月58巻10号66頁，否定した裁判例として，大阪高堺支部決平成18年3月22日家月58巻10号84頁**(注2)**などがあります。これら下級審判決を見ると，特段の事情の判断は，保険金の額とその相続開始時の相続財産の比率を基本に諸事情を併せて考慮されているものと思われます（ジュリスト No.1290 118〜119頁，片岡武＝管野眞一編著『第4版家庭裁判所における遺産分割・遺留分の実務』〔日本加除出版・2021〕250〜251頁など）。

　本件においては，遺産総額3,000万円に対し死亡保険金額は2,000万円でその割合は66.7%と保険金額の比率が高く，特段の事情を肯定する方向になりそうですが，Cと被相続人との婚姻期間，被相続人に対

する介護等に対する貢献の度合いやほかの相続人と被相続人との関係や生活実態などを踏まえて判断されることになります。

　なお，持ち戻される金額については，上記東京高裁決定，名古屋高裁決定とも，受取人が受領した保険金額全額を持ち戻しています。他方で，下記の計算のとおり，保険料負担者である被相続人において，その死亡時までに払い込んだ保険料の保険料全額に対する割合を保険金に乗じて得た金額保険金額修正説）とする裁判例（①大阪家審昭和51年11月25日家月29巻6号27頁，②宇都宮家栃木支部審平成2年12月25日家月43巻8号64頁など）もあります。

> 保険金額×被相続人の支払った保険料額/保険料全額＝特別受益の持戻額

（4）調停進行のあり方

　遺産総額に対する死亡保険金額の割合は明らかですから，その他の事情を両当事者に出してもらい，上記裁判所のような考え方を示したうえで，調停の場で話し合いを進めるか，検討してもらうことになります。もっとも，特別受益にあたるかどうかを確認する訴えは，③最判平成7年3月7日民集49巻3号893頁において，確認の利益を欠くものとして不適法と判断されているため，Aとしては遺産分割審判のなかでCが受領した死亡保険金の持戻しの可否や価額が判断されることになります（④最大決昭和41年3月2日民集20巻3号360頁）。

2　高等教育の費用について

（1）事実関係

　Aは医学部に進学し，Bは4年制大学を卒業後，アメリカに数年間留学しています。

（2） 当事者の主張及び反論

（ア）Aの主張及び反論

　　妹はアメリカに数年間留学しています。妹自身がすべての費用をまかなったはずはありません。額ははっきりしませんが，その費用を被相続人が送金するなどして負担したに違いありません。妹の進学先である4年制大学については妹自身の意向に沿ったものであり，いまさら不公平と言う理由がありません。

（イ）Bの主張及び反論

　　私は4年制大学を卒業したにすぎないのに，兄は医学部に行かせてもらっています。その結果，兄は医者としての収入を得て生活しています。不公平であり，遺産分割で考慮してもらって当然です。なお，兄が主張している私の卒業後の留学費用は，自分の大学時代のアルバイト代で工面したものです。

（3） 考え方

結論：

（ア）Aの主張について

　Bが留学に際し実際に被相続人の援助を受けたのか，額がいくらなのかといった具体的な主張及びそれに沿う資料が提出されなければ特別受益の主張は認められません。

（イ）Bの主張について

　私立の医学部など特別に高額な入学金・授業料の支出が，相続人の一人のみに対してなされたような場合には，特別受益となる余地はありますが，被相続人の資力や学歴等によっては，子に対する親の扶養義務の範囲内とされたり，共同相続人が同程度の教育を受けている場合には，特別受益にはあたらないとされることもあります。

理由：

　高等教育の学資（留学費用も含む）は，相続人の将来の生活の基礎となるため，生計の資本として特別受益となる可能性がありますが，実

務的には被相続人の資力，地位，学歴，ほかの相続人との関係を勘案して特別受益と認められるかが判断されています（近藤ルミ子・小島妙子編著『事例にみる特別受益・寄与分・遺留分主張のポイント』〔新日本法規出版・2016〕68～72頁）。東京高決平成17年10月27日家月58巻5号94頁は，大学受験に失敗して3年間浪人し，大学受験予備校に通った後，大学に入学したものの留年により在学生活が5年余計に長引き，歯科医師国家試験2年続けて不合格，国家試験予備校に通い，歯科医師の免許を取得したという事案につき，乗用自動車2台の購入・使用の費用も含めて約3,000万円（相続開始時における評価額）を特別受益と認めています。他方，大阪高決平成19年12月6日家月60巻9号89頁では，「本件のように，被相続人の子供らが，大学や師範学校等，当時としては高等教育と評価できる教育を受けていく中で，子供の個人差その他の事情により，公立・私立等が分かれ，その費用に差が生じることがあるとしても，通常，親の子に対する扶養の一内容として支出されるもので，遺産の先渡しとしての趣旨を含まないものと認識するのが一般であり，仮に，特別受益と評価しうるとしても，特段の事情のない限り，被相続人の持戻し免除の意思が推定されるものというべきである。」とされています。

　また，遺留分減殺請求の事案ではありますが，歯学部や医学部に入学した相続人に対する学資につき，ほかの相続人も大学教育を受けていること，被相続人が開業医であり稼業の承継を望んでいたことなどを踏まえて，扶養の一内容あるいはこれに準じて支出されたとして特別受益とは認めなかった裁判例もあります（⑤東京地判令和2年1月28日ウエストロー・ジャパン2020 WLJPCA01288005など）。

　本件においては確かにAが医学部に進学していますが，Bも4年制大学を卒業しています。

　被相続人の資力，地位，学歴によっては，特別受益とはされない余地もあります。

（4） 調停進行のあり方

　Aには，Bの留学に被相続人からの援助があったのか，その額はいくらか具体的に主張してもらい，それに沿う資料を提出してもらう必要があります。他方，Bには，当時のAが進学した大学の学費についての資料，被相続人による送金の事実を示す資料及び当時の消費者物価指数など金額価値についての資料の提出を促します。加えて，AB双方に対し，被相続人の当時の資力（当時の預金通帳等），社会的地位についての資料，被相続人と全相続人の学歴についての資料などを提出してもらうことになります（前掲・片岡＝管野282〜284頁参照）。

　Yは，令和3（2021）年7月1日に死亡した。相続人はDとYDの間の長男E，長女Fである。遺言書はない。Yの相続財産は合計1億円である。妹であるFは，D及びEに対して遺産分割調停を申し立てた。そのなかでそれぞれの当事者から次のような主張がなされ，それに対する反論がなされている。調停委員としては，当事者の主張及び反論をどのように理解整理し，調停の進行を図るべきでしょうか。

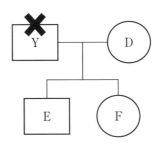

3 持ち戻し免除について

（1）事実関係

　Eは，Y所有の土地に自身名義の自宅を建築し，Y・DとE自身の家族とそこで生活していました。他方，Fは自分で中古マンションを購入する際，Yから500万円を贈与されています。

（2）当事者の主張及び反論

（ア）Fの主張・反論

　兄は，父である被相続人Yの土地の上に自分名義の家を建てました。兄は父にはいっさい地代を払わずに住んでいます。遺産分割ではこの点を考慮してもらいたいと思います。

　なお，兄が指摘する500万円の贈与は，社会に出た後，就業先でハラスメントに遭ってうつ病を発症し，その影響で稼働ができなくなり，十分な収入が得られない私を心配して，せめて住居だけでも確保できるようにと，非課税枠の範囲内で父が援助してくれたのです。一般の社会人として問題なく生活している兄とは違います。

（イ）Eの主張・反論

　父（被相続人Y）と母は自宅で生活していましたが，高齢になり心細くなったのか，私に同居してほしいというので，そうすることにしました。私にも家族があり，父母宅では手狭だったので，二世帯住宅にすることにし，父の家を壊して，二世帯住宅を建てました。父では住宅ローンを組むことができないため，家は私名義にして，私が住宅ローンを組んでこれまで返済してきました。

　土地の登記名義は父のままで，特に父に地代などは払っていませんが，父も貰おうとも思っていなかったはずです。

　妹は，マンションを購入する際に，父（被相続人）から500万円の贈与受けています。税金をどうしたかは知りませんが，父から生前そう聞きました。他方，私は，父から何の援助も受けずに，自分で，家を

建てて住宅ローンを支払ってきているのです。

（3） 考え方

結論：

（ア）Fの主張（不動産の無償使用）について

Y名義の土地のEの無償使用（使用貸借）については，当該土地については使用借権の負担がついている土地として評価することになります。具体的には，更地価格の1～3割程度を減価して評価します。そのうえで，その土地使用借権は，生計の資本としての贈与，すなわちEの特別受益として持戻しの対象となります。もっとも，本件においては，Y・Dの居住部分も含む二世帯住宅を建築していることから全額持ち戻しの対象とすべきか否かは検討の余地がありますし，持戻し免除の意思表示があるかをも検討する必要が出てきます。

（イ）Eの主張（不動産取得のための贈与）について

EがYから受けた500万円は，生計の資本として贈与として特別受益に該当すると思われます。しかし，Fが独立した生計を営むことが期待できないことを考慮してなされたとすれば持ち戻し免除の意思表示が認められる余地があります。

理由：

（ア）について

被相続人の遺産である土地の上に相続人が建物を建てて所有し，当該相続人が被相続人と同居して生活している場合，相続の対象となる土地に使用貸借権の負担が付着しているものとして，更地価格の1～3割程度を土地の使用貸借権価格として，相続財産である土地の価格を評価することになります（⑥東京家審昭和49年3月25日家月27巻2号72頁，⑦東京地判平成15年11月17日家月57巻4号67頁など）。この場合，遺産土地についての使用借権が，その土地を無償で使用している相続人の特別受益になります。もっとも，被相続人らの扶養を条件にしているなどの場合には，土地の使用利益と実質的な対価関係にあるとして

特別受益はない，あるいは持ち戻し免除の黙示の意思表示があると認められる余地もあります（前掲・片岡＝菅野259頁，275頁参照）。

（イ）について

FがYから受けた500万円は，居住用不動産取得のための金銭の贈与となるため，「その他の生計の資本として贈与」として特別受益に該当すると思われます。もっとも，Yの贈与が，独立した生計を営むことが期待できないことを考慮してFに対する扶養の趣旨でなされたとすれば持ち戻し免除の意思表示が認められる余地があります（⑧東京高決昭和51年4月16日判タ347号207頁参照。堂薗幹一郎＝野口宣大編著『一問一答新しい相続法——平成30年民法等（相続法）改正遺言書保管法の解説』〔商事法務・2019〕66〜67頁）。

（4）調停進行のあり方

それぞれの特別受益額を評価するために，Eについては二世帯住宅の間取り（Y・Dの居住部分につき対価関係を考慮するため），Fについては贈与がなされた時期やその時期の貨幣価値の変動を考慮するための消費者物価指数などを提出してもらう必要があります。そのうえで，それぞれが持ち戻し免除の意思表示を主張するということであれば，当時の被相続人の意図を推測しうる書面，知人の陳述書などとともに，Eについては具体的な主張とその資料，Fについては生活状況や病状が分かる客観的資料などを提出してもらう必要があるでしょう。

4 被相続人が配偶者に居住用不動産を与えた場合—民法903条4項

（1）事実関係

YはDと婚姻後，Y名義の土地にY名義の建物を建築し，自宅兼診療所として，そこでDと生活してきました。Eが別のY名義の土地上に二世帯住宅を建築したあとも，そこには転居しようとせず，そのまま自宅兼診療所にDと生活し続けていました。令和元年8月，Yは

遺言書を作成しており，そのなかでは，「自宅兼診療所の不動産については D に相続させる」としていました。自宅兼診療所の相続時の価値は 5000 万円です。

（2）当事者の主張及び反論

（ア）E の主張

そもそも Y は，自分の死後は，D が私たち家族と生活できるようにと，二世帯住宅の建築と Y 名義の別の土地の使用を私に指示してきたのです。Y は，遺言書を作成したのち，特に最近は気弱になっていて，Y と同様医者になっている私に対して診療所を私に継いでほしいと言っていました。自宅兼診療所は純粋な居住用不動産とはいえませんし，遺言書に記載がなくても，Y に，自宅兼診療所についての持戻し免除の意思はなかったことは明らかです。

（イ）D の反論

Y が遺言書を作成した段階で，私と Y は婚姻期間 20 年をとっくに過ぎていました。遺言書で私に自宅兼診療所を相続させるとしたのも，E が二世帯住宅を建てたものの，E の家族と私たちの関係がうまくいっておらず，私の住居がなくなったら，私が E の家に転居せざるを得なくなってしまうことを Y が心配したためです。F も十分就労できていないため，せめて私に自宅兼診療所を残して，いざとなれば診療所部分を賃貸して，私と F の生活費に充てられるよう配慮してくれたのです。

（3）考え方

結論：民法 903 条 4 項が直接適用されるわけではないものの，持戻し免除の意思が推定され，自宅兼診療所を除いた相続財産につき，法定相続分で遺産分割が行われることになります。

理由：相続法改正により新設された民法 903 条 4 項は，婚姻期間が 20 年以上の夫婦の一方である被相続人が，他の一方に対し，その

居住の用に供する建物またはその敷地について遺贈または贈与をしたときは，その遺贈または贈与について持戻し免除の意思を表示したものと推定するというものです。平成30（2018）年相続法改正の際，高齢化が進む中で生存配偶者の生活への配慮の必要性が検討されました。配偶者相続分の引き上げという方向性はパブリックコメントにおける多数の反対意見を踏まえて不採用となったものの，生活の拠点となる住居を確保するという問題意識の共有や，配偶者の貢献を贈与や遺贈を促進するという方向で検討すべきとの指摘を受けて，このような規定となったものです（前掲・堂薗＝野口62〜63頁）。

　すなわち，配偶者の一方が死亡した場合に，他方の配偶者は，それまで居住してきた建物に引き続き居住することを希望することが多く，特にその配偶者が，高齢者である場合には，住み慣れた居住建物を離れて新たな生活を始めることは精神的にも肉体的にも大きな負担になります。また，相続開始の時点で，配偶者が高齢のため自ら生活の糧を得ることが困難である場合も少なくないことから，配偶者については，その居住権を保護しつつ，将来の生活のために一定の財産を確保させる必要性が高まっています。残された配偶者が相続開始後にも引き続きこれまでの居住建物に居住するために，被相続人が配偶者に生前に居住建物を譲渡し，あるいは遺贈することがあります。その際，特別受益制度が適用されると，居住建物等の価額が遺産に持ち戻されて配偶者の相続分が算定され，その結果，居住建物以外の預貯金等の遺産の取得が困難になるか，あるいは少なくなることが想定されます。そこで，民法903条4項は，婚姻期間が20年以上の夫婦の一方である被相続人が，他の一方に対し，その居住の用に供する建物またはその敷地（居住不動産）について遺贈または贈与をしたときは，民法903条3項の持戻し免除の意思表示があったものと推定し，遺産分割においては，原則として当該居住用不動産の持戻し計算を不要とし贈与等を受けた配偶者が，最終的により多くの財産を取得することが

できることとしました。これにより配偶者の居住権を保護しつつ，将来の生活のために一定の財産を確保させることができます。婚姻期間が20年以上の夫婦の一方が他方に対して居住用不動産の贈与等をする場合には，通常それまでの貢献に報いるとともに，老後の生活を保障する趣旨で行われ，遺産分割における配偶者の相続分を減少させる意図は有していない場合が多いことから，一般的な被相続人の意思に合致するものとも考えられます。

　租税法では，贈与税の特例として，婚姻期間が20年以上の夫婦間で，居住用不動産の贈与が行われた場合等に，基礎控除に加え最高2,000万円の控除を認める税法上の特例を認める制度（相続税法21条の6）があり，配偶者の死亡により残された他方配偶者の生活に配慮しています。この民法改正も，贈与税の特例とあいまって配偶者の生活保障をより厚くする趣旨とされています。

　こういう本項の経緯や趣旨を踏まえて本件について検討してみます。

（ア）特定財産承継遺言でなされている場合

　Yは婚姻期間が20年以上となるDに対して，自宅兼診療所を「相続させる」と遺言しています。民法903条4項の適用対象は贈与や遺贈とされており，他方，特定財産承継遺言（いわゆる相続させる旨の遺言）は遺産分割方法の指定（民908条）と考えられているため（⑨最判平成3年4月19日民集45巻4号477頁参照），本項を直接適用することはできないと考えられます（前掲・堂薗＝野口62～63頁）。もっとも，かかる遺産分割方法の指定をした遺言者の意思という点からいうと，この遺産分割方法の指定が，一般的に残された他方配偶者の生活に配慮する趣旨で行われるという点では，民法903条4項の対象となる贈与や遺贈の場合と変わりはないと考えられます。そのため，特定財産承継遺言で居住用不動産の承継がなされた場合であっても，特段の事情がない限り，遺産分割方法の指定と併せて相続分の指定がされたもの（居住用財産を別枠として計算し，その他財産を遺産分割において，配偶者に法定相続分に応じて取得させる意思を有していた）として，残りの財産の遺産分割において

はこれを考慮しないこと取り扱いをすべき，すなわち，結果的には同項を適用した場合と同じ結果になると考えられています（前掲・堂薗＝野口 62〜63 頁，⑩山口家萩支部審平成 6 年 3 月 28 日家月 47 巻 4 号 50 頁参照）。

本件においても，自宅兼診療所を Y が相続財産に入れつつその評価額を D の具体的相続分から控除するという特段の意思を示していたという事情があれば格別，婚姻期間 20 年以上となる YD 夫婦において Y が自宅兼診療所を D に相続させると遺言しているという事情を踏まえると，通常の意思解釈として，自宅兼診療所を相続財産とは別枠として取り扱うことになると思われます。

（イ）自宅兼診療所である場合

もっとも，本件においては，承継の対象が，純粋な居住用不動産ではなく，自宅兼診療所であるため，この点をどのように考えるかが問題となります。遺贈あるいは贈与されたのが店舗兼自宅であったとしても，相続人が，その一部については特別受益として扱うが，その余の部分は特別受益としては取り扱わないという意思を有していることは稀と考えられることから，民法 903 条 4 項の推定に関しては，その不動産の構造や形態を踏まえつつ，店舗部分と住宅部分を分けて，店舗部分については持戻し免除をしない旨の意思表示をしたと認められる特段の事情がなければ，建物全体について相続人の意思の推定を及ぼすことができるか検討すべきとされています。

本件についても，診療所と自宅の構造や形態を踏まえつつ，分離して考えるべき事情があるのか（具体的には，診療所は持戻し免除の対象から外す意思だったのか）を検討し，そのような事情が特にない場合には全体として検討すべきことになるものと思われます。

（ウ）特別受益として取り扱う明示・黙示の意思表示の存否

903 条 4 項は，被相続人が持戻し免除の意思を有していることの法律上の推定であり，それが特定財産承継遺言によってなされていたとしても同様に解されるため，被相続人がそれとは反対の意思を表示していることが判明すれば，その意思に従うことになります。

（4） 調停の進め方

　YDの婚姻時期に関する資料やYの遺言書については当然提出して
もらうことになりますが，さらに自宅兼診療所の構造が判明する資
料，診療所が持ち戻し免除の対象外であるというのであればそれを証
する資料などを当事者から提出してもらったうえで協議を進めること
になります。

注釈 annotation

特別受益の解説

1　特別受益制度の趣旨

　特別受益とは，共同相続人の中に被相続人から遺贈を受け，また
は婚姻もしくは養子縁組のためもしくは生計の資本として贈与を受
けた者があるときは，被相続人が相続開始時において有した財産の
価額にその贈与の価額を加えたものを相続財産とみなし（「みなし相続
分」），各相続分からその遺贈または贈与の価額を控除して，その相
続人の相続分を計算し，相続人間の公平を図る制度をいいます（民
903条）。寄与分とともに法定相続分あるいは指定相続分によって算
定される相続分を修正する要素のひとつです。

　この特別受益を相続分算定の基礎に算入する扱いを「持戻し」と
いっています。

2　特別受益の種類（類型）

　特別受益の類型には次のようなものがあります（前掲・片岡＝菅野
243〜244頁による）。

　（1）遺贈

（2）生前贈与

① 婚姻または養子縁組のための贈与

持参金・支度金は一般的には特別受益になると考えられていますが，挙式費用は一般的に特別受益にならないと考えられています。京都地判平成 10 年 9 月 11 日判タ 1008 号 213 頁は，「特別受益に含まれる婚姻のための贈与とは，持参金，支度金，結納金など婚姻のために特に被相続人からしてもらった支度の費用が含まれるものであり，親の世間に対する社交上の出費たる性質が強い結婚式及び披露宴の費用は含まれない」と結納金は特別受益としつつ，結婚式・披露宴の費用は含まれないと判断しています。

また，名古屋地判平成 16 年 11 月 5 日民集 62 巻 1 号 71 頁も，「嫁入り道具や持参金等がこれ（特別受益）にあたることはいうまでもない。」としつつ，「結婚式や結納の式典そのものに生じた費用については，婚姻する者のみならずその両親ないし親戚一同にとって重要な儀式であることに鑑みると，両親が子の結婚式や結納の式典に生じた費用を支出したとしても，それを両親から子に対する『婚姻のため』の贈与と評価すべきではない」と結婚式や結納にかかる費用の特別受益性を否定しています。

② 学資（教育費）

本文［事案例 1 ］2 （3）参照

③ 使用利益

本文［事案例 2 ］1 （3）参照

④ 生命保険金

本文［事案例 1 ］1 （3）参照

3　特別受益の評価基準時・評価方法

（特別受益者の相続分）

特別受益がある場合，被相続人が相続開始の時において有した財産の価額にその贈与の価額を加えて「みなし相続財産」とし，法定

相続分（民 900 条）あるいは指定相続分（民 902 条）の割合により算定した相続分の中から特別受益者が受けた遺贈または贈与の価額を控除した残額を特別受益者の相続分として計算します。贈与時から遺産分割時まで価額が変動している場合に，どの時点の評価をもって算定するかが問題となります。この点，判例通説は，特別受益の評価基準時を相続開始時としています（⑪最判昭 51 年 3 月 18 日民集 30 巻 2 号 111 頁）。遺贈であれば相続開始時に効果が生じるため，相続開始時の価額をもって評価すれば足りますが，生前贈与の場合で金銭による贈与がなされ，その贈与時と相続開始時に購買力において差がある場合には，貨幣価値の変動が消費者物価指数を考慮して，相続開始時の価値を算出することになります。

　この点，最判昭和 51 年 3 月 18 日民集 30 巻 2 号 111 頁は，遺留分の算定における受贈財産の評価に関してではありますが，贈与財産が金銭であるときは，その贈与の時の金額を相続開始の時の貨幣価値に換算した価額をもって評価するのが相当であるとして，貨幣価値の変動を考慮する見解をとることを明らかにしています。その理由として，このように解釈しなければ，共同相続人間の衡平を図ることを目的とする特別受益持戻制度の趣旨を没却することになるばかりでなく，他方，こう解したとしても，取引における一般的な支払手段としての金銭の性質・機能を損なうものではないと判示しています。

　これを踏まえて，同判決は，相続人が被相続人から贈与された金銭をいわゆる特別受益として遺留分算定の基礎となる財産の価額に加える場合には，贈与の時の金額を相続開始の時の貨幣価値に換算した価額をもって評価することを正当として是認しています。

　実務上，遺産分割については「遺産分割時」を評価の基準時としているため，特別受益が問題となる事案では，不動産などの評価において，「相続開始時」と「遺産分割時」の 2 時点につき評価が必要となります。もっとも，当事者らの合意が得られれば，いずれかの

一時点の評価を両者についての評価額とすることもあります。

4　具体的相続分の計算

（1）［事案例1］の場合

［事案例1］で生命保険金2,000万円が持ち戻された場合の計算方法について検討します。

みなし相続財産＝相続財産3,000万円＋持戻された生命保険金額

2,000万円＝5,000万円

A　5,000万円×1/2×1/2＝1,250万円

B　5,000万円×1/2×1/2＝1,250万円

C　5,000万円×1/2＝2,500万円

もっともCはすでに生命保険金2,000万円を受領しているため、今回取得できるのは2,500万円―2,000万円の500万円。

すなわち、

A 1,250万円　B 1,250万円　C 500万円が具体的相続分となります。

（2）［事案例1］で相続財産が1,000万円だった場合

［事案例1］で相続開始時の遺産が1,000万円だった場合（超過特別受益　民903条2項）の場合の計算方法について考えてみます。

みなし相続財産＝相続財産1,000万円＋持戻された生命保険金額

2,000万円＝3,000万円

A　3,000万円×1/2×1/2＝750万円

B　3,000万円×1/2×1/2＝750万円

C　3,000万円×1/2＝1,500万円

もっともCはすでに生命保険金2,000万円を受領しているため、今回取得できるのは0円となりますが、500万円を返還する必要はありません。そのため、現実には1,000万円しか残っていないところをABがどのように不足分を振り分けるべきかが問題となります。

その振り分け方については、裁判例では、ア　具体的相続分基準

説とイ　本来的相続分基準説に分かれています。

　上記例では具体的相続分と本来的相続分（法定相続分または指定相続分）で差はないため，AB が 500 万円の不足をそれぞれ 1 / 2 ずつ振り分けて，結果，500 万円ずつ取得することになりますが，A にも特別受益があった場合などには，アとイでは結果が変わりうることになります。

（注2）　annotation

　東京高決平成 17 年 10 月 27 日家月 58 巻 5 号 94 頁は，①被相続人の子の一人が受領した保険金額が遺産総額に匹敵する巨額の利益（約 1 億円）であること，②受取人が変更された時期，その当時の被相続人と抗告人との関係，被相続人と同居をしておらず扶養・介護を託する明確な意図を認めることも困難な事情であることをあげており，名古屋高決平成 18 年 3 月 27 日家月 58 巻 10 号 66 頁は，①後妻の受領した保険金額が相続開始時の遺産総額の 61％であること，②被相続人との婚姻期間が 3 年 5 か月程度であることをあげています。特段の事情を否定した大阪高堺支部決平成 18 年 3 月 22 日（家月 58 巻 10 号 84 頁）は，①被相続人の子の一人が受領した保険金額が遺産総額の 6 ％にすぎないこと，②受取人が長年被相続人と生活を共にし，入通院時の世話をしていたことなどの事情をあげています。

［関連裁判例等（本文及び注記掲載以外のもの）］

① 大阪家審昭和 51 年 11 月 25 日家月 29 巻 6 号 27 頁　　特別受益分として持戻すべき額は，保険契約者であり保険料負担者である被相続人において，その死亡時までに払い込んだ保険料の保険料全額に対する割合を保険金に乗じて得た金額とすべきものとし，支払

うべき保険料の総額 83,040 円×20＝1,660,800 円，被相続人が死亡時までに支払った保険料は昭和 48 年 1 月から 8 月分までの6,920 円× 8 ＝55,360 円，これに対して支給された保険金は 997万 2320 円であるとして，特別受益分として持戻されるべき金額は，9,972,320×55,360/1,660,800＝332,410.66 と判断した事案。

② 宇都宮家栃木支部審平成 2 年 12 月 25 日家月 43 巻 8 号 64 頁特別受益に準ずる額を，被相続人が死亡時までに払い込んだ保険料の保険料総額に対する割合を保険金に乗じた額（いわゆる，「保険金額の修正説」。）とするとした事案。

③ 最判平成 7 年 3 月 7 日民集 49 巻 3 号 893 頁　「ある財産が特別受益財産に当たるかどうかは，遺産分割申立事件，遺留分減殺請求に関する訴訟など具体的な相続分又は遺留分の確定を必要とする審判事件又は訴訟事件における前提問題として審理判断されるのであり」，「その点のみを別個独立に判決によって確認する必要もない。」「以上によれば，特定の財産が特別受益財産であることの確認を求める訴えは，確認の利益を欠くものとして不適法である」と判断した事案。

④ 最大決昭和 41 年 3 月 2 日民集 20 巻 3 号 360 頁　　遺産分割の請求はいずれも実体法上の権利関係であるから，その存否を終局的に確定するには，訴訟事項として対審公開の判決手続によらなければならないが，家庭裁判所は，審判手続において右前提事項の存否を審理判断したうえで分割の処分を行うことは少しも差支えない，けだし，審判手続においてした右前提事項に関する判断には既判力が生じないから，これを争う当事者は，別に民事訴訟を提起して右前提たる権利関係の確定を求めることをなんら妨げられるものではなく，判決によって右前提たる権利の存在が否定されれば，分

割の審判もその限度において効力を失うに至るものと解されるからであると判断した事案。

⑤ 東京地判令和2年1月28日ウェストロージャパン2020 WLJPCA01288005　学費に関する特別受益について，被相続人が歯科医院を経営してきた歯科医師であること，その子である被告Y1が国立大学医学部を卒業し，被告Y2はその兄弟であるAと同じ日本歯科大学歯学部を卒業し，被告Y4も被告Y3も自らが希望した私立大学を卒業していることから，子ら全員が希望する大学を卒業していることを踏まえ，いずれも親としての扶養義務の範囲内といえるものであるとして，被相続人がAの学費等を支出していたとしても，生計の資本としての贈与にはあたらないと判断した事案。

⑥ 東京家審昭和49年3月25日家月27巻2号72頁　被相続人土地上に「相手方家屋」が建築されている以上，建付地として標準価格より10パーセント減価されたものとみる前記鑑定の評価は相当であり，この減価分は特別受益に準ずることになるとしつつ，前段認定の事実関係のもとにおいては，被相続人は民法903条3項にいう持戻義務免除の意思を表示したものと判示した事案。

⑦ 東京地裁平成15年11月17日家月27巻2号72頁　遺留分侵害額算定に当たり，使用期間中の賃料相当額及び使用貸借権価格をもって本件土地の使用貸借権の価値と評価すべきであると被告の主張を，使用期間中の使用による利益は，使用貸借権から派生するものといえ，使用貸借権の価格の中に織り込まれていると見るのが相当であり，使用貸借権のほかに更に使用料まで加算することには疑問があり，採用することができないとして，原告が太郎から受けた利益は本件土地の使用貸借権の価値と解するのが相当であるとしつつ，更地価格の15％を乗じた価格を使用貸借権価格とした事案。

⑧ 東京高決昭和 51 年 4 月 16 日判タ 347 号 207 頁　　生前贈与につき相手方○に対しては，被相続人が民法 903 条 3 項所定の持戻免除の意思を表示した事実を認めるべき証拠が見当らないが，前認定のごとく相手方○が強度の神経症のため独身のまま両親の庇護のもとに生活して来た者であり，その後も社会的活動によって独立した生計を営むことを期待することの困難な心身の状態にあったという状況下で，被相続人の相手方○に対する贈与については，その贈与にあたり，相続開始の場合にも持戻計算の対象とすることを免除する意思を少くとも黙示的には表示したものと推認できると判示した事案。

⑨ 最判平成 3 年 4 月 19 日民集 45 巻 4 号 477 頁　　「相続させる」趣旨の遺言につき，前記の各般の事情を配慮しての被相続人の意思として当然あり得る合理的な遺産の分割の方法を定めるものであるとして，「相続させる」趣旨の遺言を，遺産の分割の方法を定めた遺言であると判示した事例。

⑩ 山口家萩支部審平成 6 年 3 月 28 日家月 47 巻 4 号 50 頁　　「相続させる」旨の遺言による特定の遺産の承継についても，民法 903 条 1 項の類推適用により，特別受益として持戻計算の対象になるものと解するのが相当であると判示した事案。

⑪ 最判昭和 51 年 3 月 18 日民集 30 巻 2 号 111 頁　　右贈与財産が金銭であるときは，その贈与の時の金額を相続開始の時の貨幣価値に換算した価額をもつて評価すべきものと解するのが，相当であると判示した事例。

7

寄与分

大森啓子

1　家業従事型・金銭出資型

事案例 Xは平成 30（2018）年 3 月 31 日に死亡した（死亡時 80 歳）。Xの相続人は，妻 A（78 歳），長男 B（50 歳）及び二男 C（45 歳）である。Xは，長年，飲食店を営んできており，Xの遺産は，自宅兼店舗の甲不動産（土地建物，評価額 6,000 万円），預貯金（2,000 万円）である。遺言書はない。相続人 C が相続人間の遺産分割の協議で折り合いがつかなかったとして，A，B を相手に遺産分割調停を申し立てた。

調停において，当事者から次のような主張がなされ，これに対する反論がある。調停委員としては，当事者の主張及び反論をどのように理解整理し，調停の進行を図るべきか。また，当事者の手続代理人としてはどのような点に留意すべきか。

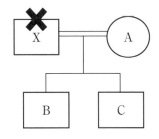

（1） 事実関係

　Xは，Aと婚姻後に喫茶店を開業した。その後，B，Cが生まれ，体が弱かったAは専業主婦としてB，Cの養育に専念し，喫茶店の経理を少し手伝う程度だった。Bは大学を卒業し，一旦は企業に就職したものの，退職してXとともに喫茶店を切り盛りしてきた。

（2） 当事者の主張及び反論

（ア）Bの主張

　私は，25歳の時にせっかく就職した会社を辞めて，父が亡くなるまでの25年間ずっと父と二人で店を続けてきた。私は，接客のほか，調理も父とともにするようになり，バイトの採用・労務なども携わってきた。父からもらっていた給料は低額であったが，私は父を支えたいと思って長年我慢して従事してきた。父の遺産として自宅兼店舗を維持してくることができたのも，預貯金が形成されているのも，私が喫茶店経営を支えてきたからである。それなのに，法定相続分4分の1しかもらえないのは納得いかない。私に相応の寄与分を認めてもらいたい。

（イ）Aの反論

　Bが長年，夫と一緒に喫茶店をやってきたのはそのとおりだ。ただ，Bは就職した会社でトラブルを起こして懲戒解雇になり，職を失ったため，やむなく夫が店を手伝わせるようになった。また，Bは，懲戒解雇になったとき社宅も追い出されたため自宅に戻ってきて，それ以降，ずっと住居費も水光熱費も食費も負担せずに自宅で暮らしてきた。夫がBに払っていた給料がそんなに高くなかったのも，そうした生活費のことを考慮したためで，生活費のことを含めると十分な額を渡してきたと考えている。

（ウ）Cの反論

　Bが父の店で働いてきたのは間違いない。しかし，Bはよく店の金を持ち出してパチンコにつぎこんでいた。父はそのこともあってBへ

多くの給料を渡すべきではないのだと私に話していたし，持ち出していたお金を考えると，Bは相当な金額を手にしていたはずである。ところで，15年ほど前に当時雇っていた従業員がお店の金を横領したために店の経営が危うくなり，自宅兼店舗を手放すおそれまで出たことがあった。私は，大学卒業後，就職して家を出ていたが，父のために親孝行すべきだと考え，そのとき貯めてきた預貯金から800万円を父に渡して，経営危機を免れることができた。Bが父の遺産に対する寄与分を主張するのであれば，私も金銭を供与したことについて寄与分を主張したい。

（3）考え方

（ア）Bの寄与分について

結論：Bが提供してきた労務の内容や程度，Xの家計の状況（水光熱費や食費などの生活費），Bが給与以外に費消した金員の額などを考慮し，支払われた給与が労務の対価として到底十分でない場合は，報われていない残余の部分については寄与分と認められる余地があります。したがって，Bの主張が認められるかどうかは，上記の各点を明らかにしていく必要があります。

理由：Bは，経緯はともかく，25年間にわたって被相続人Xの家業に専従してきたのですから，寄与分における継続性，専従性，特別の貢献には該当すると考えられます（**注1**）。しかし，BはXから給料を得ていたことから，無償性を満たすかが問題となります（**注2**）。すなわち，Bの給料が対価として相当であれば，無償性の要件は満たさないことになるため，対価の相当性の有無を検討することになります。

　その際は，まずBの勤務状況や内容，そして給料の額を把握する必要があります。そして，一般的な賃金を確認するために賃金センサス等を参考にしながら飲食店業における平均賃金を確認するほか，個別具体的な賃金の妥当性を判断するために確

定申告書等をもとに家業である喫茶店の収益性も確認すること
になります。

　また，対価性を見る場合には，単なる報酬そのものだけを考
慮するのではなく，報酬以外にも実質的に対価を得ていると考
えられる事情等がある場合には，それも加味する必要がありま
す。Bは，Xと同居し，食費や住居費等の生活費の支出を免れ
ていたことから，そうした金額がいくらになるのかを家計の状
況を踏まえて確認することになります。また，Cによれば，B
は給料以外に，店のお金を持ち出して遊興費に使っていたとの
ことですので，それが事実であれば，持ち出して費消していた
お金も実質的にBの収入と見ることができます。そのため，そ
うした事実の有無や金額を確認し，それも考慮していくことが
必要となります。

　これらを踏まえ，Bが実質的に得ていたと考えられる対価
が，仮に第三者を従業員として雇用した場合においてなされる
第三者に対する給付の額と比べて，ある程度見合ったものであ
る場合には無償性の要件を満たしませんが，到底十分ではない
場合には，その差額について無償性が認められることになりま
す。

　なお，寄与分が認められる場合，Bが通常得られたであろう
給付額からBが実際に得ていたと考えられる額（給料や生活費
相当額，費消した額の合計額）を控除し，それに寄与の期間を
乗じて寄与分を評価することになります**（注3）**。

（イ）Cの寄与分について

結論：CのXに対する財産給付は，被相続人との身分関係に基づいて
　　　通常期待される範囲を超えているといえます。したがって，実
　　　際に800万円の贈与の事実があった場合，Cの主張は認められ
　　　ます。もっとも，Cが支出した800万円がそのまま寄与分とし
　　　て必ずしも認められるわけではなく，貨幣価値変動率や裁量割

合が考慮されることになります。

理由：C の X に対する財産給付は，800 万円と高額であり，また X の家業や所有不動産を守るために給付されていることからすると，X との身分関係に基づいて通常期待される程度を超える特別の寄与があったと言えます（**注 4**）。

C の寄与分の評価については，寄与行為の時期と相続開始時では貨幣価値が必ずしも同じとは言えず，また X の財産状況等にも変動があるなどの事情もあることから，こうした事情を考慮して算出されることになります（**注 5**）。

（**4**）調停進行のあり方

（ア）B について

B の寄与を検討していくにあたっては，まず，家業の内容や規模，収益状況，B の勤務内容や給料額といった前提事情を把握する必要があります。また，B が労務を提供するに至った事情（特別の貢献），労務提供の時期及び期間（継続性），労務の形態や内容（専従性），給与の額（無償性）も確認する必要があります。

特に，B の寄与分に関しては無償性の有無を検討することが重要となります。そのため，無償性を検討するにあたって必要となる事情に関するものとして，同種同規模の事業に従事する労働者の平均賃金・報酬の額を確認するほか，B が出損を免れた生活費を把握するための X の家計状況についても説明や資料提出を求める必要があります。さらには B が給与以外に費消していた金員は実質的にみれば B の収入と同視できますので，こうした額に関する主張や資料についても確認を求めます。

これらの主張や資料を踏まえて，B が受領してきた給与額に出損を免れた生活費や費消した金員額を合計した金額が，喫茶店の収益状況や平均賃金から見て著しく少額であれば無償性の要件を満たすと解されます。この場合は，平均賃金との差額について寄与分を認めること

が相当と解されますので，その方向で調整を進めることが相当である
と考えられます。

　他方で，著しく少額とまでは言い難い場合は，無償性の要件を充足
しないことになり，寄与分は認められないことになりますので，Bに
対してそのように説明し理解を求めることが相当と考えられます。

（イ）Cについて

（a）まず，CからXに対する800万円の贈与が現実にあったこ
とについて，Cに裏付資料（贈与契約書，通帳，金融機関の振込
依頼書など）の提出を求めるとともに，A及びBに対して，
上記支出に関し，まずは事実関係として認めるのか，争うの
かを明らかにする必要があります。

（b）CがXに対して800万円を贈与したことをAもBも争わな
い場合，A及びBに対しては，Cが支出した800万円をそ
のまま寄与分として考慮することについての考えも併せて
聴取します。その際，前記**（3）（イ）**で述べた金銭出資型
の寄与分についての説明も適宜行うことも考えられます。
A，Bのいずれも800万円をそのまま寄与分として考慮する
ことに異論がない場合は，800万円全額をCの寄与分として
考慮して差し支えないでしょう。

（c）これに対し，A，Bのいずれか，もしくは双方がCからX
に対する贈与について認めない場合，Cから提出された裏
付資料を精査・確認をするとともに，Cに対して贈与をめ
ぐる詳しい経緯や状況等を聴取してA，Bに伝え，A，Bの
反論や疑問等をCへ確認するなどしながら調整を図り，最
終的にCからXへの贈与があったと合意できるかどうか見
極めることになります。

（d）800万円の贈与があったことは合意できたものの，贈与から
15年も経過し，その間Xの財産も変動していることなどか
ら，AあるいはBが800万円全額を寄与分として考慮する

ことに難色を示すことも考えられます。前記 **（3）（イ）** で
述べたとおり，金銭を支出した場合，必ずしもその全額が寄
与分として考慮されるわけではなく，貨幣価値変動率や裁
量割合による評価がなされますが，その評価の具体的内容
は個別の事案ごとの判断になってきます。そのため，まず
は，A，Bから具体的にどのくらいの評価が妥当と考えるの
か，その理由などを聴取し，その内容をCに伝えて調整を
図るとともに，事案によっては当事者の主張等を踏まえて
裁判官と評議して調停委員会としての評価を検討して，そ
の考えを当事者に伝えるなどすることが考えられます。

注 釈 annotation

（注 1）   annotation

寄与分とその要件

1　意義と趣旨

　寄与分は，被相続人の財産の維持または増加に特別の寄与をした
相続人がいる場合に，具体的相続分を算定するにあたって，まず相
続財産からその相続人の寄与分を控除し，その相続人に相続分とと
もに当該寄与分を取得させる制度です（民904条の2）。相続財産の
維持や増加に対する貢献があった場合に，その貢献を反映させるべ
く，まずはその分を相続財産から差し引いて貢献した相続人に取得
させ，相続人間の公平を図ろうとしたわけです。

2　要件

　寄与分が認められるためには，（1）相続人自らの寄与があるこ
と，（2）当該寄与行為が「特別の寄与」であること，（3）当該寄
与によって被相続人の遺産が維持または増加したこと，の要件を満

たす必要があります。

（1）相続人自らの寄与があること

寄与分は共同相続人間の公平を図るために具体的相続分を算定するにあたって修正を図ろうとする制度であることから，相続人自身による寄与が求められます。ただし，相続人以外の者による寄与を実質的に相続人による寄与とみなす場合もあります（これについては，後記3（注1）1を参照してください）。

（2）特別の寄与

「特別の寄与」とは，被相続人と相続人の身分関係に基づいて通常期待されるような程度を超える貢献であることをいいます。

相続財産に対する貢献には様々な程度があり得ますが，被相続人と相続人の身分関係に基づいて通常期待されるような程度の貢献は，既に相続分自体において評価されているとみることができます。また，通常期待しうる程度の貢献も寄与分として評価するとなると，相続分が極めて可変的なものとなってしまい権利関係の安定を著しく害することになってしまいます。民法上，夫婦間であれば協力扶助義務（民752条），親族間の場合は扶養義務（民877条）や互助義務（民730条）が課されていることからも，寄与分として認められるには，上記範囲を超える程度の貢献が求められることになります。

「特別の寄与」に該当するかどうかにあたっては，①無償性（報酬の有無，額），②継続性（労務提供の時間，期間），③専従性（労務の内容），④特別の貢献（被相続人との身分関係・扶養関係，労務提供に至った経緯）等が考慮されることになります。

（3）寄与によって被相続人の財産が維持または増加したこと

寄与分は，相続財産に対して貢献があった場合に遺産分割においてそれを考慮する制度です。そのため，被相続人の財産が維持または増加したこと，それが寄与行為によること（因果関係）が必要となります。

無償性について

　寄与分の制度は，寄与者の貢献と評価できる範囲において，相続
財産から除外して寄与者に取得させることにより相続人間の公平を
図る制度です。そのため，寄与者の被相続人に対する寄与行為は，
原則として無償でなされなければならず，相当の対価を得ていた場
合には寄与行為とは評価されません。また，被相続人が寄与者に対
して贈与や遺贈を受けている場合も，それらにより寄与が評価され
るのであれば寄与分は認められないことになります。

　他方，寄与行為に対して対価を得ていた場合，無償性の要件を満
たすかどうかは，その対価の内容や額等を踏まえて，相当な対価で
あったかどうかを判断する必要があります。

　家事従事型の場合，従事していた相続人は，通常，被相続人から
生活費や給料等を受けている場合が大半です。この場合，無償性の
判断をするに当たっては，被相続人が第三者を従業員として雇用し
た場合においてなされる第三者に対する給付と相続人に対する現実
の給付との間に差額が生じるかどうかを検討する必要があります
（片岡武＝管野眞一編著『第4版家庭裁判所における遺産分割・遺留分の実務』
〔日本加除出版・2021〕318頁）。大阪高決平成2年9月19日家月43
巻2号144頁は，「被相続人の事業に関して労務を提供した場合，
提供した労務にある程度見合った賃金や報酬等の対価が支払われた
ときは，寄与分と認めることはできないが，支払われた賃金や報酬
等が提供した労務の対価として到底十分でないときは，報いられて
いない残余の部分については寄与分と認められる余地があると解さ
れる」としています。

　また，この場合，単なる給付金額のみ見るのではなく，相続人が
被相続人所有の住宅に同居し住居費の負担を免れていた，あるいは
被相続人に生活費を負担してもらっていたなどの事情を考慮し，こ

れらの事情も含めて対価の相当性を判断する必要があります。なお，札幌高決平成 27 年 7 月 28 日判時 2311 号 22 頁は，被相続人が営んでいた簡易郵便局で相続人が従事していた事案において，相続人が相応の収入を得ていたことに加え，相続人の夫婦が被相続人と同居し，家賃や食事は被相続人が支出していたことを考慮し，相続人は相応の給与を得ていたと判断し，特別の寄与を否定しています。

(注3) annotation

家事従事型における寄与分の評価方法

　家事従事型においては，家事従事の対価相当額が出損を免れたことによって，その分だけ相続財産の維持または増加が図られたと言えます。他方で，家事に従事する相続人は生活費等の負担を免れていたり，あるいは少額の給与を得ていたりする場合も少なくありません。そのため，寄与分の評価としては，通常，当該相続人が得られたであろう給付額を算出し，そこから当該相続人が支出等を免れた生活費等を控除し，それに寄与の期間を乗じて算出することになります。

　また，上記のような相続人の報酬から算出するのではなく，相続財産の形成に貢献したと考えられる比率をもって算出する方法もあります。大阪高決平成 27 年 10 月 6 日判タ 1430 号 142 頁は，被相続人の家業である農業に従事したことを理由とする相続人の寄与分の主張について，農業に従事したことによりみかん畑が荒地となり取引価格が低下することを防いだ点を寄与と認めて，寄与分をみかん畑の評価額の 30 パーセントと定めました。また，福岡家久留米支部審平成 4 年 9 月 28 日家月 45 巻 12 号 74 頁は，被相続人の家業である薬局経営に無報酬またはこれに近い状態で従事したとは

いえないが，薬局を会社組織にし，店舗を新築するなどして経営規模を拡大したことが特別の寄与に当たるとして，その評価額を遺産の評価額の 32 パーセント強と判断しました。

金銭出資型における特別の寄与

　金銭出資型においては，その財産給付の額や内容が，被相続人との身分関係に基づいて通常期待される程度を超える場合には，特別の寄与に該当するということができます。その形態としては，金銭その他の財産を提供する場合や負債を返済する場合などがあります。これらの財産の給付は無償性が必要であり，財産の給付について相当な対価があると評価できる場合は特別の寄与とは言えません。
　高松高決平成 8 年 10 月 4 日家月 49 巻 8 号 136 頁は，開業医の長男が被相続人の経営する建設会社に資金援助したことについて，遺産全体の 20 パーセントを寄与分として認めました。

金銭出資型における寄与分の評価方法

　寄与分は，相続財産への貢献を反映させる制度です。そのため，被相続人に金銭を支出したことによる寄与分が認められる場合，相続開始時における評価を見る必要があり，給付額に貨幣価値変動率を乗じた価額が寄与分算定の基準となります。もっとも，その価額のそのまま全額について寄与分と評価されるわけではありません。出資した価額のうちどの程度を寄与分として認めるのかは，事案の個別事情に応じて，裁量割合が検討されることになります。具体的

には，相続人と被相続人の身分関係，出資した財産の価額や種類，財産を支出した事情や意図，出資された財産の利用方法，相続開始までの期間などが考慮されることになります（雨宮紀夫・石田敏明編『遺産相続訴訟の実務』〔新日本法規・2001〕207頁）。

2　療養看護型

Ｘは平成30（2018）年3月31日に死亡した（死亡時85歳）。Ｘの相続人は，長男Ａ（55歳）及び長女Ｂ（53歳）である。Ｘの遺産は，自宅の甲不動産（土地建物，評価額6,000万円），預貯金（2,000万円）である。遺言書はない。相続人Ｂが相続人間の遺産分割の協議で折り合いがつかなかったとして，Ａを相手に遺産分割調停を申し立てた。

調停において，当事者から次のような主張がなされ，これに対する反論がある。調停委員としては，当事者の主張及び反論をどのように理解整理し，調停の進行を図るべきか。

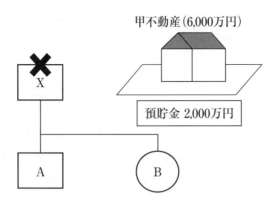

甲不動産（6,000万円）

預貯金 2,000万円

（1）事実関係

Xは80歳の時に妻に先立たれ，以降，自宅において一人で生活していた。しかし，83歳のときに自宅で転倒し骨盤を骨折して入院し，その後入院中にインフルエンザに院内感染するなどして1年以上にわたって入院生活を送り，その後介護施設に入所した。Xは介護施設で生活を続けたが，入所から約1年後に85歳で死亡した。

（2）当事者の主張及び反論

（ア）Bの主張

私は，母が亡くなって以降，週3日父のところへ通って食事を作ったり掃除や洗濯などの家事をしたりするなどして父の面倒をみてきた。父は，自炊などしたことがない人で，一人で家のことをすることができなかったからだ。私は，病院や施設にも父の好きな食べ物や身の回りの物を持って頻繁にお見舞いに通った。こうして私は父を献身的に支え続けたのであり，寄与分が認められるべきだ。

（イ）Aの反論

Bは実家のすぐ隣に住んでいたのであり，父のところへ顔を出したりするのはそんなに負担ではなかった。また，父は骨折で入院するまでは病気もなく一人で元気に暮らしていたのであり，介護が必要な状況ではなかった。さらに，病院では看護師たちが父の看護をしており，施設でも職員が父の世話をしていたのであって，Bは時たま父の顔を見に行く程度で父を看護，介護していたわけではない。むしろ，私は，父の入院手続をしたほか，退院後に父が入所できる施設を探して入所手続や介護保険の手続などもすべて行った。私が事務的なことや環境を整えることをしてきたのであり，寄与分というのであれば，私にこそ認められるべきだ。

（3）考え方

（ア）Bについて

結論：Xについて、近親者による療養看護を必要とされた事情はなく、Bについて、Xとの身分関係に基づき通常期待される程度を超える特別の寄与があったとは認められません。Bの主張は認められません。

理由：特別の寄与が認められるためには、被相続人において、近親者による療養看護の必要性があったことが求められます。つまり、被相続人Xにおいて、療養看護が必要な程度の要看護、要介護の状況にあり、かつその療養看護について近親者による必要があったことが求められます（**注6**）。

　Xの場合、80歳から83歳まで自宅で一人暮らしをしていましたが、Aによれば介護が必要な状態にはなく元気にしていたとのことです。そのため、Bにおいて、Xが要介護の状況にあったことを明らかにしない限りは、この間の療養看護の必要性は認められないことになります。

　また、Xは83歳から入院生活を始め、その後は介護施設に入所し、死亡するまで施設で生活しています。そのため、病院や施設で生活している間は、病院あるいは介護施設においてXの療養看護がなされており、近親者による療養看護の必要性はなかったと言えます。

　なお、BはXが自宅で生活をしている間は食事や家事などの面倒を見ており、Xが病院や施設で生活するようになってからは、頻繁に見舞いへ通ったと主張しています。しかし、特別の寄与が認められるには、被相続人との身分関係に基づいて通常期待される程度を超える貢献があったことが必要となります。この点、Xの子であるBは扶養義務（877条）を負っていることも考えると、家事や見舞いについて、通常期待される程度を超える貢献があったとは言い難く、特別性についても認められな

いと言えます。

　なお，仮に，療養看護について寄与分が認められる場合，その評価は，一般的には，療養看護に対する報酬相当額に看護日数を乗じ，それに裁量割合を乗じて算出されます（**注7**）。

（イ）A について

結論：A について，X との身分関係に基づき通常期待される程度を超える特別の寄与があったとは認められません。A の主張は認められません。

理由：特別の寄与が認められるには，被相続人との身分関係に基づいて通常期待される程度を超える貢献があったことが必要となります。この点，A は，X の入院手続や施設入所手続，介護保険等の手続を行うなどしたことを主張しています。しかし，A が X の子であることからすると，A の上記各行為は，X との身分行為に基づいて通常期待される程度の範囲内と考えられ，特別の寄与とまで言うことはできないと考えられます。

（4） 調停進行のあり方

（ア）B について

　まずは，X がどのような状況にあったのか，介護を要する状況であったのか，B がどのように支えてきたのか等について，B の主張や裏付資料を確認していくことが望ましいと言えます。

　その上で，寄与分の制度について，特に，寄与分が単に被相続人のために貢献したのではなく，財産の維持または増加のために特別の寄与をしたことが必要であること，特別の寄与というのは療養看護といった寄与行為が必要な状況にあり，かつ寄与行為がその身分関係において通常期待されている程度を超えることをいうことを丁寧に説明し，法律上における寄与分としては該当しないことを理解してもらうよう心掛けることが適当です。

　なお，B の主張や裏付資料によって，X が自宅で生活していた当時，

療養看護の必要性はなかったものの，Bが相当程度Xの生活を支えており，かなりの負担を負っていたような事情が出たような場合は，事案にもよりますが，そうした貢献についてAとも共有し，寄与分には該当しないものの遺産分割において多少考慮することが可能かについてAに意向を確認し，Aも理解を示した場合はその方向で調整することは考えられないわけではありません。もっとも，Aが理解を示さない場合は遺産分割においてBの貢献を反映させることは難しいため，Bにはその点の過度な期待を抱かせないよう留意する必要があります。

（イ）Aについて

まず，Aが行ってきた行為について，Aの主張や裏付資料を確認することになります。

その上で，Bの場合と同様，Aに対して，寄与分制度について丁寧に説明し，法律上の寄与分には該当しないことについて理解を求めるのが適当です。

注釈 annotation

（注6）   annotation

療養看護型における特別の寄与について

1 　被相続人の療養看護や介護に努めたとして相続人が寄与分を主張することは珍しくありません。しかし，特別の寄与に該当せず寄与分が認められないケースも少なくなく，調停の進行に当たっては留意が必要です。

寄与分が成立するには，当該療養看護が「特別の寄与」，すなわち，被相続人との身分関係に基づいて通常期待される程度を超える貢献があることが必要となります。前述したとおり，「特別の寄与」に該当するかどうかにあたっては，①無償性（報酬の有無，額），②継

続性（労務提供の時間，期間），③専従性（労務の内容），④特別の貢献（被相続人との身分関係・扶養関係，労務提供に至った経緯）等が考慮されることになります。療養監護型については，④特別の貢献を判断するにあたって，療養看護の必要性や特別性を検討することになります。また，寄与分が認められるためには，「特別の寄与」によって，被相続人の財産の維持または増加がなされたとの因果関係も必要となります。

2　要件

（1）特別の貢献

（ア）近親者による療養看護の必要性

　相続人による貢献が特別なものであったと言えるためには，前提としてその寄与行為が被相続人にとって必要不可欠であったこと，つまり，被相続人において近親者による療養看護の必要性があったことが求められることになります。

　そのため，高齢であった被相続人と同居して食事や家事など世話をしていた場合などであっても，その被相続人が介護等を必要とする状況になければ療養看護の必要性があったとは言い難く，特別の寄与には該当しません。

　なお，介護保険における要介護度は，被相続人の療養看護の必要性を検討する上で重要な資料の一つとなります。通常，介護保険における要介護度1程度の身体状況（食事，排泄，着替えは何とか自分でできるが，日常生活能力や理解力が一部低下し，部分的な介護が必要となる状態）であれば，特別な寄与に相当するほどの介護は不要と思われることから，実務では，被相続人が要介護2以上の状態にあることが一つの目安になると考えられています（前掲・片岡・管野337頁）。

（イ）特別性

　相続人は，被相続人との身分関係に応じて，夫婦間の協力扶助義務（752条），扶養義務（877条）ないし扶助義務（730条）を負います。したがって，特別の貢献と言えるには，そうした民法上期待さ

れる義務を超える程度の貢献が求められることになります。

　そのため，被相続人に対する療養看護が特別であったといえるためには，療養看護の程度が一定以上の負担を伴うものであり，なおかつそれが一定期間必要となることが必要となります。たとえば，被相続人が前記(ア)の療養看護の必要性がある状態にある場合に，当該相続人がその療養看護をほぼ全て担っていれば，特別の貢献に該当する方向になりますが，大半は介護事業者に委ねており一部を担っていただけのような場合は特別の貢献とまでは言い難いことになってくると考えられます。

(2) 無償性

　療養看護型においても，特別の寄与と言えるためには，その寄与行為が無償であることが必要であり，相当の対価を得ていた場合は要件を満たさないことになります。

(3) 継続性

　特別の寄与と言えるためには，療養行為が一定期間継続していたことが必要となります。そのため，数日間看護したなどの場合は継続性の要件を満たさず寄与分は認められません。

(4) 専従性

　療養看護が片手間に行われたのではなく，相当程度の負担を要することが求められ，その観点から専業や専念までいかなくともある程度専従していたことは必要となります。

(5) 因果関係

　寄与分が認められるためには，寄与行為によって，被相続人の財産を維持または増加させていることが必要となります。そのため，療養看護型においては，相続人の療養看護によって，職業看護人に支払うべき報酬等の監護費用の支出を免れたといえることが必要です。したがって，被相続人が喜んだ，慰安されたなどの精神的な面があったとしても，寄与分は認められません。

寄与分の評価方法

　療養看護による寄与分については，療養看護に対する報酬相当額を基準に，看護日数を乗じ，さらに裁量割合を乗じて評価されるのが一般的です。

　療養看護に対する報酬相当額は，介護保険における介護報酬基準が用いられることが多くなっています。介護報酬基準は，介護に要する時間（要介護認定基準時間）に基づいて介護の種別を要支援・要介護を含め7段階に区分して，各区分に応じた報酬額を定めています。横浜家川崎支部審平成29年5月31日判例秘書登載は，要介護認定等基準時間は介護の必要性を量るものさしとして用いられるもので，要介護認定における高齢者の要介護認定等基準時間の推計は，実際に施設に入所・入院している高齢者に対する調査結果に基づいて行われているとして，要介護認定等基準時間を寄与分算定の基準として用いることに一定の合理性があると判示しています。

　もっとも，介護報酬基準は，看護や介護の資格を有している人を前提にしています。相続人はそうした専門ではありませんし，また扶養義務等を負っていることからしても同等に考えるわけにはいきません。そのため，介護報酬基準の金額そのままが寄与分として評価されるわけではなく，一定の裁量割合が乗じられることになります。前掲横浜家裁川崎支部審平成29年5月31日は，介護報酬基準等は基本的に看護または介護の資格を有している者への報酬を前提としており，これを相手方による介護についてそのまま適用することは相当でないとし，また被相続人が介護付き老人ホームに入所した場合の自己負担分は介護報酬基準に基づく報酬額に届くものではないことなども指摘し，裁量割合を0.7として評価しました。

Xは平成30（2018）年3月31日に死亡した（死亡時80
歳）。Xの相続人は，長男A（55歳），二男B（53歳）及び
三男C（50歳）である。Xの遺産は，自宅の甲不動産（土
地建物，評価額6,000万円），預貯金（3,000万円）である。遺言書はない。
相続人Bが相続人間の遺産分割の協議で折り合いがつかなかったと
して，AとCを相手に遺産分割調停を申し立てた。
他方，Aの妻Dは，特別の寄与があったとして，BとCを相手に特別
寄与料を請求する調停を申し立て，両調停事件は併合された。
調停において，当事者から次のような主張がなされ，これに対する反
論がある。調停委員としては，当事者の主張及び反論をどのように理
解整理し，調停の進行を図るべきか。

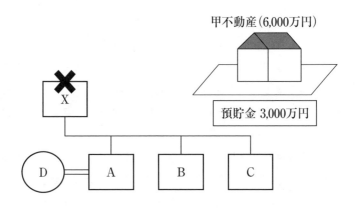

（1）事実関係

　Xは夫とA，Dの4人で暮らしていたが，Xが70歳の時に夫が死
亡した。Aは仕事で単身赴任することが多かったが，Xが75歳の時
に海外赴任となり，以降，Xが死亡するまでXはDと二人で生活し

ていた。

（2）当事者の主張及び反論

（ア）Dの主張

　義母Xは72歳の時に脳出血で倒れ，一命は取りとめたものの，左半身麻痺となり，言葉や物事の理解なども簡単なものしかわからない状態となった。そのため，食事や排せつ，入浴，着替えも人の助けがなければできず，要介護4と認定され，常に介護が必要となった。私は，パートで働いていたが，Xのために退職し，それからずっと毎日上記の介護を続けた。Xが75歳の時に夫は海外へ行くことになったが，私はXの面倒を見なければならないため自宅に残り，Xが亡くなるまで一人で面倒を見続けた。こうした介護に対して私はこれまで実費以外にお金をもらったことはない。

　長年にわたってXを介護してきたのは，相続人である夫Aではなく私である。私は様々な犠牲を払ってXに尽くしてきたのであり，寄与料を受け取りたい。

　なお，本来であれば，夫に対しても寄与料を求めたい気持ちであるが，家計が一緒で意味がないため，夫以外の兄弟であるBとCに対してのみ求めたい。

（イ）B及びCの主張

　Dが両親と長年同居してきたことや脳出血で倒れた母を介護してきたことについては感謝している。

　ただ，自分たちとしては，その気持ちも含めて長男であるBが少し多めに遺産を取得できるよう分割をすることを考えている。Dは身内ということで母の面倒をみてきたはずであり，今更お金を要求してくることには納得いかない。

（3）考え方

（ア）D について

結論：D は無償で X の療養看護を行い，それによって X の遺産の維持または増加に特別の寄与をしたと言えます。したがって，民法 1050 条に基づき，D の B 及び C に対する特別寄与料の請求は認められます**（注8）**。

理由：(a) 特別寄与料の成立について

D は被相続人の長男の妻であり，被相続人の親族に該当します。

また，D は無償で X の食事や排せつ，入浴，着替えなどの介護を続けていたところ（無償性），その療養看護は約 8 年間にも及び（継続性），D は X の療養看護のために退職し専従して対応していたこと（専従性），X は要介護 4 と認定されており療養看護の必要性は明らかであって，上記介護を約 8 年間一人で対応してきたことについて，その貢献に報いるのが相当と認められる程度の顕著な貢献があったと考えられること（特別の貢献）と考えるのが相当であり，特別の寄与があったと判断するのが妥当と考えられます。

さらに，X の症状等に照らすと，仮に D がいなかった場合は相応の介護費用の支出を免れることはできなかったと考えられ，そのため，D による特別の寄与によって，介護費用相当額の支出を免れることができ，その範囲において X の財産を維持することができたと言うことができます。

これらから，D の B 及び C に対する特別寄与料の請求は認められると考えられます。

(b) 金額について**（注9）**

特別寄与料の金額は，寄与分と同様の考え方とされます。

すなわち，療養看護型においては，入院期間やショートステイなどの日数を控除して D による療養看護の日数を確定し，報

酬相当額（日当）に上記日数を乗じて，それに裁量割合を乗じて計算されるのが一般的です。なお，報酬相当額については，実務上，介護保険制度施行後は介護保険における介護報酬基準が用いられることが多くなっています。

　こうして算定された額と，相続財産の額や相続債務等の事情を踏まえ，特別寄与料が判断されることになります。

　B及びCに対する請求額については，特別寄与料にB，Cの相続分をそれぞれ乗じた額となります。仮に，特別寄与料が900万円だった場合，B，Cの相続分はいずれも3分の1ですので，それぞれに対して各300万円を請求することになります。

（イ）B及びCについて

結論：民法1050条による特別の寄与制度によって，相続人以外の一定の親族も要件を満たせば相続人に対して寄与に応じた金銭の支払いを求めることができます。B及びCの主張は認められません。

理由：前記**（ア）**で記載したとおり，DのB及びCに対する特別寄与料の請求は認められることになります。

　なお，B及びCは，遺産分割においてDの夫へ多めに分割することを考えていると述べています。Dがこれに納得し，その内容で合意するのであれば問題ありませんが，Dがこうした解決に応じない場合，あくまで遺産分割手続と特別寄与料の手続は別個のものですので，B及びCの主張のように，遺産分割で考慮することを理由に特別寄与料の請求を免れることはできません。

（4） 調停進行のあり方

（ア）まず，特別寄与料を請求しているDにおいて，Xに対する療養看護の必要性，Dの療養看護の状況を明らかにしてもらう必要があります。

そのため，具体的に，Dにおいて，Xの症状や入通院状況，要介護状況がわかる資料（診断書，要介護認定通知書，認定資料，カルテ，医療機関の領収書など），療養看護の内容に関する資料（介護サービス利用票，ケアプラン，介護利用契約書，施設利用明細など）を元に時系列で被相続人の病状ごとに整理した一覧表を作成し，寄与行為に関する主張や裏付資料を整理してもらい，これらの事実関係について，当事者間で争いがあるかどうか確認していくことが必要です。

また，併せて，Xの症状や療養看護の状況等，そしてDによる看護の内容，期間等を踏まえて，特別の寄与に該当することの妥当性について，調整を図っていくことになります。調停委員会において，Dの主張や提出資料等から，Dにおいて特別の寄与があったと認めるのが相当と判断される場合は，B及びCに対してその旨を説明し，理解を求めることも相当と考えられます。

（イ）他方，特別寄与料の算定にあたっては，「相続財産の額」が考慮要素とされ，「その他一切の事情」に相続債務も含まれるとされています。また，民法1050条4項で特別寄与料の額は相続財産の価額から遺贈の価額を控除した残額を超えることができないと規定されています。そのため，相続財産の範囲及びその評価額も明らかにしていく必要があります。

Dは相続人ではないため，相続財産を把握していないことも考えられますので，相続人であるB及びCに対して，相続財産や相続債務の内容を明らかにすることを求め，相続財産の範囲及びその評価，相続債務の内容についても合意できるか調整していく必要があります。

（ウ）相続財産の範囲及び評価，相続債務の内容について，当事者間で特に争いがない場合は，その内容について合意し，それを踏まえて，Dの特別寄与料について調整を図っていくことになります。

DやB及びCの意向も確認しつつ，**注1**で記載した内容を元に調停委員会において適切だと思われる額を検討し，調整を図っていくことが相当と考えられます。

（エ）相続財産の範囲など前提問題や付随問題で当事者が争い，遺産分割手続事件の進行が進まないような場合は，事案の内容や状況に応じ，特別寄与料の調停事件を先行して進め，解決を図る方法もあり得ます。両事件はあくまで別の手続であり，相続財産の額も考慮要素の一つに過ぎず，相続財産の額が明らかにならなくとも特別寄与料が判断できる場合も相当程度あると考えられるためです。

注釈 annotation

（注8）　　　　　　　　　　　　　　　　　　　　annotation

特別寄与料の制度

1　特別寄与料制度創設の経緯

　平成30（2018）年7月6日に成立した相続法制の見直しに関する「民法及び家事事件手続法の一部を改正する法律」（平成30年法律第30号）では，相続人以外の者の貢献を考慮するための制度として，新たに相続人以外の親族による特別の寄与に対し特別寄与料の請求を認める制度が新設されました。

　相続人が相続財産に対し一定の寄与をした場合には寄与分が認められますが（民904条の2第1項），相続人ではない親族（たとえば相続人の配偶者）が被相続人の療養看護を行い，相続財産の維持または増加に寄与したとしても，その配偶者は相続人ではないことから自らの寄与分を主張することはできません。こうした事案において，裁判例では，相続人の妻による療養看護について，妻を相続人の履行補助者と位置づけて当該相続人の寄与分として考慮してきました（東京高決平成22年9月13日家月63巻6号82頁）。しかし，推定相続人である夫が被相続人より先に死亡する場合などは上記考慮ができません。また，相続人以外の親族が採り得る法的手段としては，特別

縁故者の制度や準事務管理に基づく費用償還請求，不当利得返還請求などが考えられますが，要件や立証等の問題があり，実際上請求することが困難な場合も少なくありません。

　しかし，相続人以外の親族が一定の寄与をした場合もその貢献を認めるのが公平との指摘が挙がり，相続人以外の親族による特別寄与料の支払請求権を認める制度が新設されました（1015条）。

　もっとも，相続人以外の親族による寄与については，上記に記載したような法的手段も可能であることに加え，こうした寄与を考慮することによって相続をめぐる紛争が複雑化，長期化する懸念もあります。そのため，特別寄与料の制度は，それを認める必要性が特に高いと考えられる場面に適用範囲が限定されています。

2　特別寄与料の要件

（1）請求権者

　特別寄与料の支払請求をすることができるのは，相続人以外の被相続人の親族（6親等内の血族，配偶者，3親等内の姻族）に限られます（「特別寄与者」と言います）。相続放棄した者，相続人の欠格事由に該当する者，廃除によって相続権を失った者は除かれます。事実婚や同性カップルのパートナーには認められません。

　特別寄与者に当たるか否かは，被相続人の相続開始時を基準として判断されます。

（2）無償の寄与行為

　特別寄与料の制度における寄与行為は，被相続人の療養看護をした場合（療養看護型）や被相続人の事業を無償で手伝った場合（家業従事型）など，被相続人に対する労務行為があった場合に限定され，金銭援助や出資といった形態での寄与については対象になりません。

　また，その労務行為は無償であることが必要であり，被相続人から対価を得ていた場合は特別寄与料の請求は認められません。

（3）被相続人の財産の維持または増加

　通常の寄与分と同様，特別寄与料についても，被相続人の財産の

維持または増加に対する寄与があったことが必要とされます。

（4）特別の寄与

特別寄与料においても「特別の寄与」が必要とされています。

「特別の寄与」に該当するかどうかにあたっては，寄与分と同様，①無償性（ただし，特別寄与料では，寄与分と異なり，無償であることが明文で求められています），②継続性，③専従性，④特別の貢献等が考慮されることになります。

もっとも，特別寄与料における特別の貢献は寄与分の場合とは異なります。

すなわち，寄与分では，通常期待される程度の貢献については相続分に基づく財産取得をもって満足すべきものと考えられるため，寄与分における特別の貢献は，一般に，寄与の程度が被相続人と相続人の身分関係に基づいて通常期待される程度の貢献を超えるものを言うとされています。

これに対し，特別寄与料の場合，特別寄与者は相続人ではなく，また被相続人に対して扶養義務や互助義務を負わない者も含まれるため，寄与分と同様に考えることはできません。特別寄与料における「特別の寄与」の要件は，その者の貢献に報いるために一定の財産を与えることが実質的公平の理念に適うとともに，被相続人の推定的意思にも合致すると考えられる場合に，制度の適用範囲を限定するために設けられたものとされています。そのため，特別寄与料における特別の貢献とは，実質的公平の理念及び被相続人の推定的意思という制度趣旨に照らして，その者の貢献に報いるのが相当と認められる程度の顕著な貢献があったことを意味することになります（堂薗幹一郎・神吉康二編著「概説改正相続法（第2版）」〔金融財政事情研究会・2021〕166頁）。

具体的には，個別具体的な事情を総合的に考慮した上で判断されることになりますが，たとえば，療養看護型においては，療養看護の具体的態様に加えて，療養看護を必要とする状況の有無，療養看

護の継続性の有無等が考慮されるものと考えられます。

3　権利行使について

（1）行使期間等

　特別寄与料の支払いについては，当事者間で協議することができますが，協議が調わない場合や協議することができない場合は，特別寄与者は，家庭裁判所に対して協議に代わる処分，具体的には調停または審判を申し立てることができます。この調停，審判の申立ては，特別寄与者が相続の開始及び相続人を知った時から6か月以内，または相続開始時から1年以内にしなければなりません（民1050条2項）。

　特別の寄与に関する処分（家事18節の2）は，遺産分割手続から独立しており，特別寄与者は，遺産分割に関する事件が家庭裁判所に係属していない場合であっても，家庭裁判所に対して特別寄与料の額を定めることを請求することができます。

（2）相続人が複数いる場合

　相続人が複数いる場合，特別寄与者は，全員に対して請求しなければならないわけではなく，その選択に従って，相続人の一人または数人に対して特別寄与料の支払いを求めることができます。これは，必ず全員に対して請求しなければならないとすると，特別寄与者が権利行使することが困難になるおそれがあることや，特別寄与者の配偶者など金銭請求をする必要のない相続人も相手方にしなければならないという不都合が出ることを考慮したことによります。

（注9）　　　　　　　　　　　　　　　　　　　　annotation

特別寄与料の額

　特別寄与料の額は，一次的には当事者間の協議により決められますが，特別寄与者が家庭裁判所に対して協議に代わる処分を請求し

た場合，家庭裁判所は，寄与の時期，方法及び程度，相続財産の額その他一切の事情が考慮して，特別寄与料の額を定めることになります（1050条3項）。その他一切の事情については，上記のほか，相続債務の額，被相続人による遺言の内容，各相続人の遺留分，特別寄与者が生前に受けた利益（対価性を有するものを除きます）等が含まれると考えられます（東京家庭裁判所家事第5部編著『東京家庭裁判所家事第5部（遺産分割部）における相続法改正を踏まえた新たな実務運用』〔日本加除出版・2019〕117頁）。

実際の算定については，寄与分における算定方法が参考にされます。療養看護型の場合は，第三者が同様の療養看護を行った場合における日当額に，療養看護の日数を乗じて介護報酬相当額を出した上，一定の裁量割合を乗じて算定されることになると考えられ，具体的には，被相続人が「要介護度2」以上の状態にあることが一つの目安となり，介護報酬相当額について適宜の裁量割合を乗じて減額されることとなります（前掲・東京家庭裁判所家事第5部編著117頁）。

なお，特別寄与料は，被相続人が相続開始時に有していた財産の価額から遺贈の価額を控除した残額を超えることができません（民1050条4項）。また，特別寄与料は，特別の寄与によって相続財産が維持または増加したことを理由にその請求を認める制度ですので，本来相続財産が負担すべき性質のものといえます。そのため，相続人が複数いる場合，相続財産が負担すべき特別寄与料について，各相続人はその相続分を乗じた額を負担することとされています（民1050条5項）。

分割方法——配偶者居住権

長森　亨

> **事案例**
>
> Xは令和4（2022）年4月1日に死亡した。Xの相続人は妻Y，子A，Bの3名である。
>
> Xの遺産は，甲不動産（土地建物，評価額3,000万円）及び預貯金3,000万円である。遺言書はない。相続人間で遺産の分割方法についての意見が異なっているため，AがY及びBを相手方として遺産分割調停を申し立てた。調停において，当事者から次のように主張がされている。調停委員としては，当事者の主張をどのように理解，整理し，調停の進行を図るべきでしょうか。

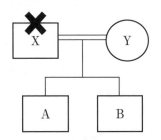

1　事実関係

　Xは死亡するまで妻Yと甲不動産に居住していた。Bは婚姻暦がなく，X及びYが高齢となったため，甲不動産に同居してX及びYの世話をしながら生活してきた。Aは独立して妻と子とともに別の場所で生活している。

2 甲不動産の取扱いについて

（1） 当事者の主張

（ア）Yの主張

　私は，夫と暮らしてきた甲不動産で今後も生活したい。ただ，私には特に資産がないので，代償金を支払って甲不動産を単独取得したり，賃料を支払うことはできない。また，今後の生活のために預貯金も取得したい。将来的に施設に入る場合の入所費用のためには甲不動産を売却してまとまった資金を必要とする場合もあると思う。

（イ）Aの主張

　既に独立しているので甲不動産を取得する希望はない。子どもの学費もあるので預貯金で取得したい。甲不動産の取扱いに困るのであれば売却をして現金で分ければ良いと思う。

（ウ）Bの主張

　Yの希望を叶えてあげたい。できれば，引き続き甲不動産にYと居住して生活していきたいが，私も自分の生活費を負担するのに精一杯で，甲不動産を単独で取得できるような資産はない。

（2） 考え方

（ア）Yの主張について

　甲不動産に引き続き居住したいYの希望を叶える方法としては，①Yが甲不動産を取得する，②Y以外の相続人が甲不動産を取得し，Yとの間で甲不動産の使用に関する取決め（賃貸借契約の設定等）を行うといった方法が考えられます。

　しかし，①の方法は，甲不動産の評価がYの相続分に相当してしまうため，今後の生活費のために預貯金も取得したいという希望を満たすことができません。②の方法も，Yの家賃負担が困難であったり，Yに使用させるためだけに評価が高額になりやすい不動産の取得に応じうる相続人が現れることはまれであり，現実的には困難な場合が多

いと考えられます。

　こうした場合に対応する制度として，相続法制の見直しに関する「民法及び家事事件手続法の一部を改正する法律」(平成30年法律第30号)(以下「改正相続法」といいます）において，配偶者居住権の制度が創設されています。

　配偶者居住権は，遺産である不動産に居住する権利であり，不動産そのものよりも低廉な価格となるため，甲不動産への居住を希望しながら，預貯金も取得したいというYのニーズを満たすことができます。ただし，配偶者居住権はあくまで居住する権利であり，甲不動産を処分する権利はないため，将来の入所費用のために甲不動産を売却してまとまった資金を得たいという希望には合致していません。Yの希望は，「不動産を取得せずに居住を継続したい」という点と，「将来的に売却して施設入所の資金にしたい」という点で両立しえない内容になっています。調停の進行に当たっては，Yの希望の全てを満たすことは困難であることを認識してもらったうえで，大きな方向性として，①(甲不動産は取得せず)配偶者居住権を取得して，その分預貯金も多めに取得するのか，②甲不動産を取得して，当面の生活費は遺族年金など遺産分割以外の手段で手当していくのかを検討してもらうことになると思われます。

（3）A，Bの主張について

　Aは自己の相続分を預貯金等の金銭で取得することを希望しており，遺産の内容から見てもその主張に特段不合理な点はないと思われます。

　一方Bは甲不動産を単独取得するだけの資力はないものの，Yの希望を叶えて，Yとともに甲不動産に同居して生活することを希望しています。

　Aの相続分を超える預貯金があることからすると，Aに預貯金を取得させた上で，配偶者居住権付きの甲不動産をBが取得する形で，相

続人ら全員が合意しうる分割案が策定できないかを検討することが考えられます。

　以下では，配偶者居住権の概要について説明した上で，設問のケースにおいて，Ｙが配偶者居住権の取得を希望した場合の調停の進行について検討します。

<h2>3　配偶者居住権の解説</h2>

<h3>（1）　配偶者居住権制度創設の経緯</h3>

　近年の高齢化の進展や平均寿命の伸長に伴って，被相続人の配偶者が被相続人の死亡後も長期間にわたり生活を継続することが少なくありません。そして，配偶者は，設題のＹのように，住み慣れた居住環境での生活を継続するために居住権を確保しつつ，その後の生活資金としての預貯金等を一定程度確保したいという場合も多いと考えられます。

　これを実現するためには，①配偶者が自宅不動産を取得したり，②自宅不動産を取得した他の相続人との間で賃貸借契約等を締結したりすることが考えられますが，①の場合は不動産の評価が高額となり，配偶者が不動産以外の財産を十分に取得できなくなるおそれがあり，②の場合は，自宅不動産を取得した者が賃貸借契約の締結に応じてくれることが前提となり，そうでなければ居住権が確保されないという問題がありました。

　こうした場合に対応する制度として，改正相続法において，配偶者居住権の制度が創設されています。

　配偶者居住権は，被相続人の配偶者に対して，相続開始時に居住していた遺産である建物への居住権を付与する制度です。不動産そのものではなく，居住する権利だけを付与することで，配偶者が取得する財産の評価を低額にとどめることができ，その後の生活資金としての預貯金等の財産を一定程度確保することができることになります。ま

た，配偶者居住権付きの不動産を取得する相続人としても，不動産そのものを取得して配偶者に使用させるよりも，配偶者居住権の負担のある不動産として取得した方が，取得する財産の評価を低額にとどめることができ，受け入れやすいということができます。

　配偶者居住権に関する規定の施行日は令和2年4月1日です。令和2年4月1日以降に亡くなられた方の相続から配偶者居住権を設定することができます。

（2） 配偶者居住権の成立要件

（ア）配偶者が，相続開始の時に，遺産である建物に居住していたこと（民1028条1項本文）

　配偶者居住権は，相続開始後も住み慣れた居住環境での生活を継続するために居住権を確保するための制度ですので，相続開始の時に，遺産である建物に居住していたことが必要です。

　「配偶者」は，法律上被相続人と婚姻をしていた配偶者をいい，内縁の配偶者は含まれません。

　「居住していた」とは，配偶者が遺産である建物を生活の本拠としていたことを意味するものです。被相続人の相続開始時に，配偶者が病気や体調不良等で一時的に当該建物を離れていたとしても，家財道具等を置いたままで，当該建物に戻って生活することが予定されているなど，当該建物が配偶者の生活の本拠としての実態を失っていないと認められる場合には「居住していた」ものと認められると考えられます。

（イ）当該建物が，被相続人の単独所有又は配偶者と2人で共有していたものであること（民1028条1項ただし書）

　配偶者居住権は，遺産である建物に配偶者の排他的な無償使用収益権を設定するものであるため，当該建物に被相続人及び配偶者以外の第三者の共有持分がある場合，当該共有持分権者の利益が不当に害されるおそれがあることから，配偶者居住権は成立しないこととされて

います。

（ウ）当該建物について，配偶者に配偶者居住権を取得させる旨の，遺産分割，遺贈又は死因贈与がされたこと（1028条1項1号・2号）

配偶者居住権の取得原因となる法律行為は，遺産分割，遺贈又は死因贈与の3つとされています。

（a）遺産分割

遺産分割の協議や調停によって，配偶者居住権を取得させる旨の合意が成立した場合のほか，審判による遺産分割も含まれます。ただし，審判による場合は，①共同相続人間に配偶者が配偶者居住権を取得することについて合意が成立しているか，②配偶者が家庭裁判所に配偶者居住権の取得を申し出た場合において，居住建物の所有者の受ける不利益の程度を考慮してもなお配偶者の生活を維持するために特に必要があると認める場合に限って，配偶者居住権を取得する旨を定めることができることとされています（民1029条）。

（b）遺贈

被相続人が，遺言によって配偶者に遺贈することにより，配偶者居住権を取得させることができます。配偶者が配偶者居住権の取得を望まないときは，遺贈を放棄することで配偶者居住権の取得を拒絶することができます（民986条参照）。

（c）死因贈与

条文には列記されていませんが，被相続人は，配偶者との間で締結した死因贈与契約によっても配偶者居住権を取得させることができると解されています（554条参照）。

（3）配偶者居住権の効力・内容

（ア）性質

配偶者居住権は賃借権類似の法定の債権であり，債権者は配偶者であり，債務者は居住建物の所有者（共有である場合には共有者全員）です。

（イ）存続期間

配偶者居住権の存続期間は原則として配偶者の終身とされています。

遺言や遺産分割の協議，調停及び審判において終身ではない存続期間を定めることができます（民1030条）。

ただし，存続期間を定めた場合，その延長や更新をすることはできません。

存続期間を定めない場合，配偶者居住権の存続期間は終身となりますが，終身の配偶者居住権の財産的評価額は高額になることから，配偶者が取得しうる流動資産の額が少なくなります。調停の進行にあたっては，配偶者の将来の生活設計も踏まえて，存続期間の定めの要否やどの程度の期間を定めるかについて，十分に当事者の意向を確認して明確にする必要があると思われます。

（ウ）居住建物の使用及び収益

配偶者居住権を取得した配偶者は，居住建物の全部を無償で使用及び収益することができます。

ただし，配偶者は，居住建物の所有者の承認を得なければ，第三者に居住建物を使用又は収益をさせることはできません（民1032条3項）。

なお，「第三者に居住建物の使用又は収益をさせる」とは，配偶者は居住せずに居住建物を第三者に賃貸するなどして利益を上げることなどをいい，配偶者の親族が配偶者とともに居住することは該当しないと考えられています（堂薗幹一郎＝野口宣大編著『一問一答　新しい相続法—平成30年民法等（相続法）改正，遺言書保管法の解説』〔商事法務・2019〕24頁）。

（エ）譲渡禁止

配偶者居住権は，譲渡することができません（民1032条2項）

（オ）買取の合意

配偶者居住権を譲渡することができないため，配偶者が配偶者居住権を得た後に，施設入所などによって居住建物の使用の必要性がなくなった場合，配偶者はどのようにして投下資本を回収するかが問題となります。

まず，このような場合には，居住建物の所有者に配偶者居住権を買い取ってもらうことや，居住建物の所有者の承諾を得て第三者に賃貸することが考えられます。また，このような場合に備えて，遺産分割協議（調停を含む）の中で，居住建物の所有者との間で買取の条件やその額又は買取額の算定基準を定めておくことも可能であると考えられています。

（カ）対抗要件（配偶者居住権の登記）

　配偶者居住権は，これを登記したときは，居住建物について物権を取得した者その他の第三者に対抗することができます（民1031条2項・605条・605条の4）。

　居住建物の所有者は，配偶者に対し，配偶者居住権の設定の登記を備えさせる義務を負っています（民1031条1項）。

　配偶者居住権の設定の登記は，配偶者と居住建物の所有者とが共同して申請しなければなりませんが（不動産登記60条），調停において配偶者居住権を設定する場合は，配偶者が単独で配偶者居住権の登記手続をすることができるための条項が設けられるのが通常と思われます。登記のための条項においては，存続期間の定めのほか，第三者に使用又は収益をさせることができることとする場合は，その旨の登記をすることを明記することになります。

（4）　配偶者居住権の評価

　配偶者居住権の評価については，還元方式と簡易な評価方法があるとされます（以下，片岡武・管野眞一編著『第4版家庭裁判所における遺産分割・遺留分の実務』〔日本加除出版・2021〕383頁以下を参照）。

（ア）還元方式

　配偶者居住権の経済的利益（無償で居住することができること）に着目する方法であり，配偶者居住権の存続期間中に配偶者が享受する経済的利益の現在価値の総和を求めるものです。居住建物の賃料相当額から配偶者が負担すべき通常の必要費を控除した価額に存続期間に対応す

る年金現価率を乗じて，配偶者居住権の価額を算定します。

> 配偶者居住権の価額
>
> ＝（正常賃料相当額－必要費）×年金現価率（期間・利率）

（イ）簡易な評価方法

　配偶者居住権の負担のない居住建物とその敷地である土地又は敷地利用権（以下，併せて「建物敷地」といいます）の現在価額から，配偶者居住権の負担付きの建物所有権（以下「負担付建物所有権」といいます）とその土地所有権又は敷地権（以下「負担付土地所有権等」といいます）の価額を差し引いて，配偶者居住権の価額を算出するものです。

> 配偶者居住権の価額
>
> ＝建物敷地の現在価額（①）－配偶者居住権付所有権（負担付建物所有権（②）＋負担付土地所有権等（③））の価額

（ａ）①建物敷地の現在価額

　建物敷地の評価額については，従前の運用と変わらず，固定資産税評価額や時価に基づいて評価を合意するか，鑑定をして確定させます。

　建物の評価については，実務上，建物の固定資産税評価額が利用されていることが多いこと，相続税評価においても家屋の評価はその家屋の固定資産税評価額と同額とされていることから（財産評価基本通達89），固定資産税評価額を基に算出することが想定されています。

（ｂ）②負担付建物所有権の価額

　負担付建物所有権の価額は，配偶者居住権を設定した場合に建物所有者が得ることになる利益の現在価値ですので，以下の計算式のように，建物の法定耐用年数，経過年数，配偶者居住権の存続年数を考慮して，配偶者居住権の負担が消滅した時点の建物の価値を算定し，これを法定利率等で現在価値に引き直して求めます。

負担付建物所有権の価額
＝固定資産税評価額×$\dfrac{\text{法定耐用年数}-(\text{経過年数}+\text{存続年数})}{\text{法定耐用年数}-\text{経過年数}}$×
ライプニッツ係数

※計算結果がマイナスになる場合は０円として計算します。

※法定耐用年数

　減価償却資産の耐用年数等に関する省令（昭和40年３月31日大蔵省令第15号）において構造・用途ごとに定められています。

　鉄筋コンクリート造・鉄骨鉄筋コンクリート造の住宅用建物　47年

　木造の住宅用建物　22年

※存続年数

　存続期間を定めたときは当該期間を，終身としたときは簡易生命表記載の平均余命の値を使用します。

※ライプニッツ係数

　ライプニッツ係数は以下のとおりとなります（小数第四位以下四捨五入）。民法404条（令和２年４月１日施行）によれば，法定利率は３％であり，その後３年ごとに見直されることになっています。

5 年	0.863	
10 年	0.744	
15 年	0.642	
20 年	0.554	
25 年	0.478	
30 年	0.412	

《計算式》

$1 \div (1+r)^n$

r：法定利率

n：配偶者居住権の存続年数

（ｃ）③負担付土地所有権等の価額

　敷地については，建物のように経年劣化を考慮する必要は少ないものの，敷地所有者又は利用権者が配偶者居住権の存続期間中は敷地を自由に使用収益することができないことに着目し（配偶者居住権の負担消滅時まで得られた可能性がある収益分を割り引く必要がある），敷地所有者又は

利用権者が配偶者居住権の存続期間満了後に得ることになる負担のない敷地所有権又は利用権の価額を現在価値に引き直すことによって、負担付土地所有権等の価額を算出します。

> 負担付土地所有権等の価額
> ＝敷地の固定資産税評価額又は時価×ライプニッツ係数

（ウ）調停で用いる評価方法

還元方法は、専門家でない者が居住建物の正常賃料相当額を算出することや年金現価率を設定することは困難であることから、遺産分割を行う当事者が遺産を評価する際に用いることは現実的ではないと思われます。鑑定を行う場合は別として、調停において当事者が評価合意を目指す際の評価方法としては、簡易な評価方法を用いるのが相当と思われます。

4 調停の進行

（1）段階的調停モデルにおける取扱い

　配偶者居住権は遺産である土地建物の評価に大きな影響を及ぼすことから、調停の進行の中で、配偶者居住権が問題になりうる場合には、その取得の意向の有無を、段階的進行モデルにおける遺産の評価の前までに確認する必要があると思われます。配偶者居住権を取得する意向を有している場合や、取得することも選択肢の一つにしてる場合などには、配偶者以外の相続人の意向も確認しておくことが有用であると思われます。

（2）配偶者居住権の評価

　配偶者が配偶者居住権の取得を希望した場合、他の相続人がそれに同意するか、配偶者居住権付きの不動産の取得に応じる相続人がいるかどうかが問題となりますが、これらを検討する前提として、配偶者

居住権の評価を行う必要がある場合が多いと思われます。仮に調停の中では合意ができず，審判に移行した場合に，配偶者が配偶者居住権の取得を家庭裁判所に申し出て，審判で配偶者居住権を取得する旨を定めることができるかを検討する場合においても，配偶者居住権の評価を検討しておくことは有用であると思われます。

　配偶者居住権の評価にあたっては，①対象となる土地建物の評価，②建物の築年数及び構造，②配偶者居住権の存続期間を明らかにしておく必要があります。以下では，前記**3（4）（イ）**で説明した簡易な評価方法を用いて，設題のケースを参考事例として2つのケースの配偶者居住権の評価額を検討します。

【計算例1　（終身の配偶者居住権）】

甲不動産の評価：土地2,500万，建物500万円

建物：1戸建て，築20年，鉄筋コンクリート造

期間：現在76歳の妻Yが終身の配偶者居住権を希望した場合

　※存続年数＝76歳の女性の令和2年簡易生命表上の平均余命
→15.43年≒15年

1．建物敷地の現在価額

　　2,500万＋500万＝3,000万

2．負担付建物所有権の価額

　　$500万円 × \dfrac{法定耐用年数47年 -（経過年数20年＋存続年数15年）}{法定耐用年数47年 - 経過年数20年} ×$
0.642（存続期間15年のライプニッツ係数）

　　≒500万×0.285（少数第4位以下四捨五入）

　　＝142万5,000円

3．負担付土地所有権等の価額

　　2,500万円×0.642（存続期間15年のライプニッツ係数）＝
1,605万円

4．配偶者居住権の価額

  3,000万円－(142万円5,000円＋1,605万円)＝1,252万5,000円

【計算例2（期間10年の配偶者居住権）】

甲不動産の評価：土地2,500万，建物500万円

建物：1戸建て，築20年，鉄筋コンクリート造

期間：妻Yが施設入所まで期間10年の配偶者居住権を希望し
    た場合

 ※存続年数＝10年

1．建物敷地の現在価額

  2,500万＋500万＝3,000万

2．負担付建物所有権の価額

  $500万円 \times \dfrac{法定耐用年数47年 - (経過年数20年 + 存続年数10年)}{法定耐用年数47年 - 経過年数20年} \times$
  0.744（存続期間10年のライプニッツ係数）

  ≒500万×0.468（少数第4位以下四捨五入）

  ＝234万

3．負担付土地所有権等の価額

  2,500万円×0.744（存続期間10年のライプニッツ係数）＝
  1,860万円

4．配偶者居住権の価額

  3,000万円－(234万円＋1,860万円)＝906万円

（3） 設題の事例の調停進行について

　上記（2）の評価額の検討から分かるとおり，配偶者居住権を取得
する場合，存続期間が長くなるほど評価額は高くなります。配偶者居
住権の評価額を低く抑えたい場合は，配偶者の将来設計を踏まえて現

実的な存続期間を検討することになります。もっとも，配偶者居住権の存続期間は延長や更新をすることができませんので，この点も念頭に置いて検討する必要があります。

前記2（2）で検討したように，甲不動産への居住を希望しているのはYBであり，Aは預貯金での取得を希望していますので，各相続人の相続分からすれば，Aは預貯金1,500万円を取得し，Yが甲不動産の配偶者居住権を，Bが配偶者居住権付きの甲不動産を取得して，残りの預貯金1,500万円を配偶者居住権の評価に応じてYとBに配分することになると思われます。

上記（2）の評価に使用した事実関係を前提とすると，Yが終身の配偶者居住権を取得した場合，各相続人の取得する遺産は以下のとおりとなり，BがYに対して，超過分の代償金247万5,000円を支払うことになります。

　　Y　甲不動産の配偶者居住権1,252万5,000円　預貯金1,500万円

　　A　預貯金1,500万円

　　B　配偶者居住権付き甲不動産1,747万5,000円

Yが存続期間10年の配偶者居住権を取得した場合は以下のとおりとなり，BがYに対して，超過分の代償金594万円を支払うことになります。

　　Y　甲不動産の配偶者居住権906万円　預貯金1,500万円

　　A　預貯金1,500万円

　　B　配偶者居住権付き甲不動産2,094万円

上記のいずれの場合においても，代償金の負担が生じるBの負担が大きいため，Bがこうした分割内容に同意しうるかという点が問題となると思われます。Bに代償金を負担しうるだけの資力があれば，代償金の支払まで約して調停を成立させることが考えられます（Yが終身の配偶者居住権を取得した場合の調停条項例は後記「（参考）終身の配偶者居住権を取得した場合の調停条項の例」のとおりです）。代償金の支払がネックになる場合は，代償金の支払をすぐに行うのではなく，将来的にYが施設

入所することになった場合にBが甲不動産を売却するのであれば，当該売却代金から代償金を支払うことも考えられます。

　Yが10年後には施設入所することに同意し，その際には甲不動産を売却することにBが同意するのであれば，存続期間を10年とする配偶者居住権をYに取得させることとし，代償金は10年後に甲不動産を売却した代金から支払うこととすれば，YとBは引き続き甲不動産に居住しつつ，Yは当面の生活費として預貯金を取得することができ，10年後には甲不動産を売却した代金から代償金という形でまとまった金員の支払を受け，施設入所のための費用に充てるということも考えられます。

　このような検討の結果，Bが配偶者居住権付きの甲不動産の取得に同意しない場合は，Yとしては甲不動産を全部取得した上で，当面の生活費の部分は遺族年金等で賄っていくことが可能かどうかを検討し，これも難しい場合には，甲不動産を売却して金銭で分配するなど，現実的に合意しうる別の解決案の有無を改めて検討することになるのではないかと思われます。

【（参考）終身の配偶者居住権を取得した場合の調停条項の例】

1．当事者全員は，別紙遺産目録記載の遺産を次のとおり分割する。

（1）相手方Yは，別紙遺産目録記載2の建物につき，存続期間を申立人の終身の間とする配偶者居住権を取得する。

（2）相手方Bは，別紙遺産目録記載1の土地及び同2の建物を取得する。

（3）・・・（※預金の処理は省略）

2．相手方Bは，相手方Yに対し，前項（2）の遺産を取得した代償として，247万5,000円を支払うこととし，これを，令和○年○月○日限り，下記口座に振り込む方法により支払う。振込手数料は相手方Bの負担とする。（※口座の記載

は省略）

3．相手方Bは，相手方Yに対し，別紙遺産目録記載2の建物
　　につき，第1項（1）に記載の配偶者居住権の設定の登記
　　手続をする。登記手続費用は相手方Yの負担とする。

9
祭祀財産の承継

加藤祐司

事案例　X は，令和 3（2021）年 4 月 21 日死亡した。X の相続人は妻 A，離婚した先妻の子 B 男と C 女である。X の遺産は，XA 夫婦が生活していた東京都内にある X 名義の自宅マンション，預貯金 3,000 万円であり，B が A と C に対し遺産分割調停を申し立てた。調停での話し合いの中で，付随的な問題として，X 名義のマンション内にある X が購入した仏壇，仏壇内の X の実父母の位牌，X の位牌を誰が守っていくのか，東京都の公営霊園に X が使用の許可を受けた墓（X が建立した唐櫃，墓石，墓誌等の墳墓と墓地）について，これを誰が引き継ぐのかが話し合われた。X の実父母の遺骨と X の遺骨は，この墓地に納められている。

　遺産分割についての大枠については合意できそうなのですが，仏壇，位牌や墓を承継する者を A，B いずれにするのか話合いがまとまりません。C は，自分が祭祀を主宰する者となる考えはなく，A，B のいずれがなっても構わないとしています。A，B の主張をどのように理解して調停を進行させればよいでしょか。

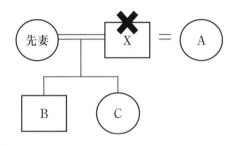

祭祀財産の承継については，以下のような問題点があります。

（1）祭祀主宰者の決定はどのようにしてなされるか。

（2）祭祀主宰者についての慣習にはどのようなものがあるか。

（3）祭祀財産承継についての地方裁判所と家庭裁判所の権限の振り分けはどのようになされているか。

（4）祖先の祭祀を主宰する者を決定する被相続人の指定もしくは慣習について争いがある場合，家庭裁判所は祭祀財産の承継者を指定することができるか。

（5）祭祀財産の承継を関係者の協議によって決定することができるか。

（6）調停で祭祀財産の承継者を決めることができるか。

（7）（5）及び（6）の協議，調停の当事者は誰か。

（8）相続人以外の者は祭祀財産を承継できるか。

（9）墓地の使用権は，祭祀財産か。

（10）遺骨の所有権は誰に帰属するか。

（11）祖先の祭祀主宰者と被相続人の祭祀主宰者は一致するか。

（12）家庭裁判所の祭祀財産承継者の決定の基準。

（13）分骨の請求は認められるか。

以上のうち，（注）に，（1）から（4），（7）についての技術的な問題及び（9）を記載します。

897条1項は「祭祀を主宰すべき者」という表現を使用し，同条2項は「権利を承継すべき者」という表現を使っています。2項では祭祀主宰者という文言は用いられていませんが，誰が祭祀財産の承継者としてふさわしいかは，誰が祭祀の主宰者としてふさわしいかということですから，以下では2項についても「祭祀主宰者」と表現することがあります。

また，897条は，被相続人の財産のうちの祭祀財産の承継者を決め

るためのルールを定めているのであり，被相続人自体の祭祀主宰者や祭祀財産（被相続人の遺骸や遺骨。多くは火葬の後の焼骨）の取得者を定める規定ではありませんから，被相続人が所有した祖先のための祭祀財産と被相続人の祭祀財産を分けて考えることになります。

2 調停によって祭祀財産の承継者を決めることについて

（考え方）

　祭祀財産の承継者は，第1に被相続人の指定，第2に慣習，第3に家庭裁判所の指定によって決まります（897条1項・2項）**（注1）**。

　この事例では，特に問題とされていませんが，関係者が協議することによって，祭祀財産の承継者を決めることも可能です。この点について，897条には協議によって決めることができるという定めがなく，同条が設けられた際に議論されたようです。多くの場合，家庭裁判所とは無関係に，相続人を中心とする協議で決められています。この点について，被相続人が，祭祀承継者を相続人らの協議によって定めることとする形の指定をなし，これに基づいて相続人らが祭祀承継者を定めることはできるが，相続人らが協議して祭祀承継者を定めることはできないとする裁判例（広島高判平成12年8月25日判タ1072号229頁，判タ1096号100頁に解説があります）がありますが，例外的なものです。

　次に，被相続人の祖先の祭祀を主宰すべき者の指定がある場合や慣習がある場合に，協議で祭祀財産の承継者を決めることができるかという問題があり得ます。祭祀財産の承継を希望しない者に承継させることは無意味ですから，指定や慣習による祭祀財産の承継を拒否することを認めても良いと思います。そして，承継が拒否されたときには，協議によって承継者を決めることができることになります。この考え方によると，審判で指定する者は，祭祀財産の承継を希望する者，少なくもこれを承諾している者であることを要することとなり，誰も希望もしくは承諾していないときには，申立てを却下することになると

考えられます。おそらく通説は反対であり，祭祀承継には承認や放棄の制度がないとして，897 条は強行規定であるとしています（松原正明『判例先例相続法 I ［全訂 2 版］』〔日本加除出版・2022〕418 頁。もっとも，承継した後に祭祀財産を処分することはできるとしています）。以上によりますと，被相続人の指定，慣習，協議（指定または慣習のない場合及び指定もしくは慣習はあるがこれらによる承継者が承継を承諾しない場合），審判という順序となります。

　なお，祭祀財産の承継者の決定について，家事事件手続法は別表第二に該当する事項としていますから（11 号），調停で祭祀財産の承継者を決めることができることになります。民法に協議についての定めがないのに，どうして家事事件手続法が調停による話し合いで決めることができるとしているのか整合性に欠けるように思いますが，この点について特に批判はないようです。祭祀財産を家督相続の特権としていた旧民法（987 条）から，一般の相続財産の承継についての例外に過ぎなくなった 897 条が即物的に理解され，かつ，その方が現実に即しているということだと思います。また，祭祀財産の承継者を，遺産分割事件における付随的な問題として調停で話し合うことも可能です。

（調停進行のありかた）

　遺産分割は，相続開始よって相続人が承継し遺産共有となった被相続人の遺産を，相続人間の協議，調停，審判によって，その取得者を決める手続です（896 条・906 条）。しかし，系譜，祭具及び墳墓の所有権の承継者は，897 条の定めに従って決まり，遺産分割手続によって承継者が決まるわけではありませんから，本来，遺産分割調停で話合うべきものではありません。相続人は，遺産分割調停の際にできる限りのことを決めてしまいたいと考えるのが普通ですが，祭祀財産承継者が決まらないために，遺産分割調停がいつまでも成立しないという事態は避けるべきだと思われます。調停委員会としては，祭祀財産承継の調停の申立てを促して，遺産分割の調停を成立させることも考えることになるでしょう。なお，遺産分割調停が不成立となり審判に移

行した場合には，たとえ相続人全員が望んだとしても，祭祀財産の承継が審判の対象となることはありません（田中寿生他『遺産分割事件の運営（中）』判タ 1375 号 71 頁）。

3　祭祀財産の承継者を決める調停の当事者について

（１）　事実関係

　遺産分割については調停が成立しましたが，祭祀財産の承継者に関しては話合いがつきませんでした。Bは，祭祀財産の承継者を指定する調停の申立てをしました。Cは，祭祀財産の承継を望んでいませんので，BはAだけを相手方として申立てをしました。

（２）　調停進行のあり方

　祭祀財産の承継は，遺産分割等他の遺産の承継とは異なったルールでなされます。相続人以外のものが承継者となることもありますし，そもそも相続人がいない場合もあります（相続人がある場合について，古くは大阪高決昭和 24 年 10 月 29 日家月 2 巻 2 号 15 頁が内縁の妻を祭祀財産承継者と指定しています。比較的新しものとして被相続人の遺骨の取得者が問題となった大阪家審平成 28 年 1 月 22 日判タ 1431 号 244 頁は，親族関係のない被相続人と親しい女性を指定しています。また，福岡家柳川支部審昭和 48 年 10 月 11 日家月 26 巻 5 号 97 頁及び松江家裁審平成 24 年 4 月 3 日家月 64 巻 12 号 34 頁はいずれも相続人がいない場合につき墓地の管理人を指定しています）。したがって，祭祀財産の承継者を指定する調停や審判について共同相続人が必ず当事者となるべきだとも，共同相続人以外の者が当事者とはならないともいうこともできません。

　確かに，祭祀財産は遺産分割の対象とはなりませんが，祭祀財産の承継を指定する審判や承継者を決める調停において，被相続人の生前の意思や被相続人と相続人を含む親族との関係，追慕の念や祭祀を維持していくための必要な経済力についての情報をもっとも提供できる

可能性があるのは，第一に相続人であると思われます。従って共同相続人は必ず当事者として調停や審判の当事者となるべきだと思われます（**注2**）。相続放棄をした相続人も，祭祀財産の承継に関しては，当事者の一人となります。

　調停委員会としては，BにCを相手方とする調停の申立てをさせて，家庭裁判所が両事件を併合するか（家事35条1項），もしくは，AもしくはBの申立てによりまたは職権でCを調停手続に当事者参加（同41条2項）をさせることになります。なお，Cが出頭しないときには，調停に代わる審判を（同284条）利用することも考えられます。

　なお，共同相続人が祭祀財産の承継者を協議や調停で決めても，共同相続人以外の者が，自分が祭祀主宰者として指定された，もしくは，自分が祭祀財産を取得するにふさわしいとして主張することは妨げられません。審判があった場合も同様です。祭祀財産の承継者は，共同相続人に限られないからです。前記の大阪家審平成28年1月22日は共同相続人の間で祭祀財産の承継者を相続人の一部の者とする合意がありましたが，親族以外の者を被相続人の祭祀財産（被相続人の遺骨。被相続人が所有していた祭祀財産の存しない事案です。被相続人の位牌がありましたが，これには親族以外の者が被相続人死亡後に購入した物であり被相続人の祭祀財産には当たらないとしています）の取得者と指定しています。

4　祭祀財産の承継者を決める方法，基準

（1）事実関係

　Xは，昭和22（1947）年生まれで，同49（1974）年に先妻と婚姻し，同51（1976）年にBを，同53（1978）年にはCを設けたが平成5（1993）年に離婚し，平成15（2003）年に昭和37（1962）年生まれのAと婚姻し，以後Aと都内のマンションで同居していた。Aとの間に子はいない。Xの実父は平成10（1998）年に死亡し，実母は同20（2008）年に死亡した。Xは，実父の死亡後，東京都の公営霊園の使用許可を受けて

墓を建立し，実父の遺骨を納め，実母が死亡した後にはその遺骨も納めた。仏壇は実父死亡後 X が購入し，実父母の位牌も X が購入して仏壇内に置かれている。

令和 3 (2021) 年 4 月 21 日に死亡した X の葬儀は A が喪主となり，遺骸は茶毘に付され四十九日法要の後，公営霊園の墓に納められた。A が購入した X の位牌も同じ仏壇内に納められている。

（2） 当事者の主張及び反論

（ア）A（相手方，被相続人の妻）の主張

（ａ）X の実父母の葬儀は，いずれについても X が喪主として行い，いずれの遺骨も X が使用許可を受けた公営霊園に納め，仏壇や位牌も X が購入し，自宅マンションに安置している。X には二人の弟がいるが，いずれも X が実父母の祭祀を主宰することは当然のこととしていた。X の実父母の年忌の法要も X が執り行っていた。私は，婚姻後 X の実母と同居したことはないが，親子と接していたし，X の実母の葬儀や実父母の年忌の法要に際して，X の妻としての役割を果たしたし，実父母の命日やお盆には夫婦そろって墓に参り，花を手向けて手を合わせ，仏壇の世話もしてきた。

（ｂ）X の葬儀には B も C も参列し，B は遺族代表として会葬者に挨拶をしたが，喪主は私であり，葬儀費用や火葬費用等葬儀に関する費用，その後の納骨に費用は，すべて私が負担した。位牌も私が購入して，自宅マンションにある仏壇に安置している。

東京都の霊園管理事務所は，私が X の葬儀についての葬儀社の領収証を示すと，墓地の使用者の地位の承継を簡単に認めてくれて私が使用者となり，納骨も滞りなく済ますことができた**（注3）**。X 死亡後管理料は私が負担している。

（ｃ）B が墓の所有者となったとすると，私の骨を入れてくれるか心配だ。また，B は，実母（X の先妻）の墓も用意することになるから，B が祭祀財産の承継者になったとすると，B は二つの墓の面倒を見な

ければならなくなってしまい，Xの実父母やXの遺骨が入った墓がきちっと管理されるか心配だ。

（イ）B（申立人，被相続人の長男）の主張

（a）Xが祖父母の祭祀を主宰していたことはAが言うとおりである。

　私は，Xの実父母である祖父母と血縁があり，祖父母との間では直系の長男に当たる。両親が離婚し，私とCは母に引き取られたが，Xとは1年に数回会っていたし，祖父母とも交流があり暮れ正月には祖父母の家を訪ねて，歓談していた。Aについての悪口をしばしば，祖母から聞かされており，Aが墓や位牌を守っていくことを，祖父母が望むとは思えない。

（b）Xの葬儀はAが執り行ったが，もしAから頼まれれば喪主になるつもりであったし，Aの体調が悪ければ当然自分が喪主になったと思う。

（c）Aには子供がいないから，Aが死んだときに，墓や位牌を誰が引き継ぐのか不安だ。この際，私が祭祀承継者となり墓や位牌を引き継いだ方が，将来のためになるのではないか。私としては，Aが死んだ後にAの遺骨を一緒に墓に納める積りでいる。

（ウ）C（相手方，被相続人の長女）の主張

　AとBのどちらが墓や位牌を引きついでも構わない。年に1，2回お参りに行ければそれで良い。妻としてXと一緒に生活し，最後を看取ったAの立場もあるが，Aが死んだときに無縁仏にならなければ良いのだがと思う。

（3）前提として検討しておくべき点

　この事案は，「位牌や墓について祖先の祭祀を主宰する者をA，Bいずれにするのか話合いがまとまりません」というものです。この点について，次に記載するとおり検討しておくべき点がいくつかあります。これらが問題とされたのは，祖先一般の祭祀についての関心は薄

く，被相続人についての祭祀について関心が強い事案についての裁判例が登場した結果であると考えられます（川淳一『新注釈民法（19）』〔〔有斐閣・2019〕179頁〔川淳一〕）。

（ア）祖先についての祭祀と被相続人についての祭祀

人が死亡すると，葬儀がなされ，仏教ならば四十九日の法要がなされ，一回忌，三回忌といった形で年忌の祭祀が催されます。死亡した者が家庭を形成していれば，最近では多くの場合配偶者が，配偶者に重大な疾病があったり，老齢である場合には，子とりわけ長子が祭祀を主宰することになります。かりに，本事例で，Bが祖先（Xの実父母）の祭祀を主宰するとしても，被相続人Xについての祭祀の主宰者は配偶者Aということになります。祭祀は，死者に対する慕情，愛情，感謝によってなされるべきものですから，祖先についての祭祀主宰者とXについての祭祀主宰者を一致させる必要はありません。そして，両者が異なるのであれば，祖先についての祭祀財産の承継者とXについての祭祀財産の取得者が異なってくることも当然のこととなります。もっとも，被相続人の祭祀を行う者と祖先の祭祀も行う者が一致するという形が普通であることは言うまでもありません。

本事例では，Xが所有していた祭祀財産として公営霊園の使用権（**注3**），Xが建立した墳墓，Xが購入した仏壇，仏壇内のXの実父母の位牌や仏具，Xの実父母の遺骨があります。また，X自身に関する祭祀財産としてXの遺骨（ただし，（イ）〜（エ）の問題があります）があります（Xについての位牌はAが購入したAの財産ですから，仮にBがXの遺骨の所有権を取得することがあっても，BがXの位牌の所有者となるということはありません）。

（イ）遺骨と所有権

遺骨（遺骸も同じです）は，所有権の対象とならず，支配権の対象となるに過ぎないとする考え方があります。遺骨（火葬を終えた焼骨）には交換価値はありませんし，祭祀や供養の対象になるだけですから，所有権の対象とはならないということです。しかし，85条は物を「有体

物」と定義するだけで交換価値があることを必要としていませんし，祭祀や供養の対象となるだけのものについては，なぜ所有権が成立しないのか説明は難しいと思われます。また，遺骨について支配権の対象になるに過ぎないとするなら，その支配権がどのような根拠に基づいて生ずるのかの説明が必要になりますが，物に対する支配権の根拠は所有権以外ではありえないと考えられます。他人の物の売買契約も賃貸借契約も可能ですが，買主や賃借人がこれらの目的物を支配するためには，その所有者の承諾といった事実が必要となります。

（ウ）遺骨の所有権の取得者

遺骨が所有権の対象となるとして，次は，誰が遺骨を所有するかという問題となります。考え方としては，遺骨は無主物となり，無主物先占のついての民法239条によって所有者が定まるとするものと，他は相続法の秩序に従って所有者が定まるとするものがあり得ます。

前者は，遺骨は「所有の意思をもって占有」する者が取得するということになりますが，遺骨は供養の対象となる物であり，祭事や供養をする者が取得すべきだと考えられますから，所有の意思をもってする占有によって決めることが，妥当とは思われません。

後者の考え方として，相続人取得説，喪主取得説，祭祀主宰者取得者の３つの説が唱えられています。相続人取得説では承継取得，喪主取得説及び祭祀主宰者取得説では原始取得となります。取得の時期は，相続人取得説はもちろん，喪主取得説でも祭祀主宰者取得でも，被相続人死亡時となります。そのように考えませんと，喪主や祭祀主宰者が決まるまでの遺骨の所有者が不明となってしまうからです。

相続人取得説は，遺骨を民法896条の「被相続人の財産に属した権利」の１つとみることになります。しかし，遺骨は被相続人が死亡した後に生ずる物ですから，相続人の財産に属した権利と考えることはできません。また，先に掲げた大阪家審平成28年1月22日のように相続人以外の者に取得させることが妥当な事案があることは否定できません。

喪主取得説（東京地判昭和62年4月22日判タ654号187頁）は，葬儀においても喪主となった者が取得するという考え方です。常識的な考え方のようにも思われますが，喪主であることが，民法やその他の法律のどの規定に基づいて遺骨の取得原因となるのか不明です。また，実際にも，被相続人の若い長男が形だけの喪主となり，配偶者が葬儀や忌日の実際を取り仕切り費用を負担するといった場合には，配偶者が祭祀主宰者として遺骨の所有権を取得するとすることが妥当であると考えられます。喪主かどうかは，葬儀の際の問題ですが，遺骨は祭祀の対象であり，葬儀だけの問題ではありませんから，喪主であったことだけを問題とするでは不十分だと思われます。

祭祀主宰者取得説は，遺骨は系譜，祭具及び墳墓以上に祭事や供養の対象となる物であるから，祭祀財産に準じるものとして，被相続人の祭祀を主宰すべき者が取得するという考え方です。ただし，民法897条は被相続人が所有する祭祀財産の承継を規定しているだけですから，被相続人が所有していたとは言えない遺骨について897条を適用することはできず，民法897条を類推適用して，祭祀主宰者が取得するという形を取ることになります。もちろん，実際には喪主が祭祀主宰者と一致する例が多いと思います。類推適用という形にせよ法文上の根拠をあげられる点，結果の相当性から考え方としては祭祀主宰者取得説が妥当だと思います。**(注1)** に掲げた東京高判昭和62年10月8日判タ664号117頁や最判平成元年7月18日家月41巻10号128頁も祭祀主宰者取得説によるものということができます。また，最近の審判例は，この祭祀主宰者取得説によるもの多いようです（橋本昇二「遺骸・遺骨」判タ1100号350頁。福岡高決平成19年2月5日判時1980号93頁は「祭祀を主宰して行くにふさわしい者を祭祀承継者に指定すべきである」とし，前掲大阪家審平成28年1月22日判タ1431号244頁は「被相続人の遺骨についても，民法897条2項を準用して，被相続人の祭祀を主宰すべき者，すなわち遺骨の取得者を指定することができるというべきである」としています）。

祭祀主宰者取得説は897条を類推適用しますから，同条2項も類推

されることとなり，家庭裁判所が審判で遺骨の取得者を決めることがあることになります。

審判事項が限定列挙であることについては争いのないとことですが，実体法を類推適用することにより審判の対象とすることは，よく見られる手法です（山木戸克己『家事審判法』〔有斐閣・1958〕23頁。裁判所31条の3第1項1号，家事事件手続39条。たとえば，最判平成12年5月1日民集54巻5号1607頁は，別居中の夫婦の面会交流について民法766条1項を類推適用して，家事審判法9条1項乙類4号により，面会交流につき相当な処分を命じることができるとしています）。

（エ）墳墓の所有権と遺骨の所有権

本事案の被相続人Xの実父母の遺骨は，Xが使用権を有していた東京都の公営霊園の墓（墳墓）に納められています。Xの遺骨もここに納まられました。遺骨と墳墓の関係につき，墳墓の納められた遺骨は，墳墓と一体化したものとして，これに含まれるとする考え方（『新版注釈民法（27）』〔有斐閣・1989〕134頁［小脇一海］。なお，同書の補訂版にはこの旨の記載はありません）があります。この考えは，897条1項に明記されていない遺骨を祭祀財産に含めるための解釈と思われますが，墳墓に納められていない遺骨も祭祀財産と見ることができること，事案によっては遺骨の所有者と墳墓の所有者が異なるとして遺骨の所有者が墳墓内の遺骨の引渡請求をすることがあること（（注1）に記載する前掲東京高判昭和62年10月8日は，祖先の墳墓に納骨された被相続人の遺骨の引取りを妨害してはならないとの原審の判断を是認しており，遺骨が墳墓の所有権と一体にならないことを前提としています）からしますと，遺骨は遺骨として墳墓とは別の所有権の対象と考えるべきであり，遺骨は墳墓内に納められても，墳墓とは異なった所有権の対象になると考えられます。

（4）祭祀財産の承継者（取得者）決定方法

すでに記載したとおり，被相続人が所有する祭祀財産を承継する方法は，指定，慣習，協議（指定または慣習のない場合及び指定もしくは慣習は

あるがこれらによる承継者が承継を承諾しない場合），審判という順序となります。

　被相続人についての祭祀財産については，承継ではなく取得ということになりますが，897条を類推適用する結果，同様の順序となります（なお，遺言公正証書では「遺言者は，先祖の祭祀を主宰すべき者として甲を指定する」といった条項が使用される例が多く見られます。ここでは祖先の祭祀が問題とされているだけのようですが，遺言者が祖先の墳墓を所有している場合には，遺言者の意思は，自分の遺骨を祖先と同じ墓に入れて，祖先と一緒に祭祀を司れというように理解することが可能ですから，このように理解すれば**（注1）**に記載する黙示の指定があったことになります）。被相続人についての祭祀財産とは，裁判例を見る限り被相続人の遺骨です。**（注1）**に記載するとおり，被相続人が所有する祭祀財産について慣習をあげた裁判例は見当たりませんが，被相続人の遺骨については，慣習により祭祀主宰者が決まり，この者が遺骨の所有権を取得する裁判例があり特徴的です。

（5） 家庭裁判所による祭祀財産の承継者（取得者）の判断基準

　（ア）被相続人の長男と長女が被相続人の墓地使用権と墓碑等の承継者を争った事案について東京高決平成18年4月19日判タ1239号289頁は「承継候補者と被相続人との間の身分関係や事実上の生活関係，承継候補者と祭具等の場所的関係，祭具等の取得の目的や管理等の経緯，承継候補者の祭祀主宰の意思や能力，その他一切の事情（例えば利害関係人全員の生活状況及び意見等）を総合して判断すべきであるが，祖先の祭祀は今日もはや義務ではなく，死者に対する慕情，愛情，感謝の気持ちといった心情により行われるべきであるから，被相続人に対し上記のような心情を最も強く持ち，他方，被相続人からみれば，同人が生存していたのであれば，おそらく指定したであろう者をその承継者と定めることが相当である」としています。この決定は，被相続人の意思を重視しており，被相続人の指定が決定の第一順位であることからすれば妥当であると考えられます。一方，この決定が指摘す

るとおり「祖先の祭祀は今日もはや義務ではなく，死者に対する慕情，愛情，感謝の気持ちといった心情により行われるべきである」という点からすれば，承継する側の祭祀を主宰する意思も重要ですし，祭祀の安定性に対する配慮からすれば承継する側の能力も無視できないと思われます（辻朗「民法判例レヴュー家族」判タ598号146頁）。

　（イ）被相続人の遺骨の取得者について祭祀主宰者取得説に従うとしますと，897条が類推適用される結果，基本的に**（ア）**と同様の判断基準が用いられることになり，被相続人の祭祀を主宰すべき者が被相続人の遺骨を取得することになります。

　配偶者が，被相続人の葬儀や年忌の集まり，日時や場所を決め，参集して欲しい人を選び，その費用を負担する場合には，**（ア）**の判断基準に照らして，配偶者が祭祀を主宰すべき者として遺骨の所有権を取得すると考えられます。子がその役割を果たすのは，配偶者が老齢や疾病でその任に堪えない場合だと考えられ，このときには子が遺骨の所有権を取得します。配偶者と子以外の者が祭祀主宰者となるのは，被相続人に配偶者や子がいない場合における被相続人の親族，被相続人の配偶者が死亡している場合における被相続人の内縁の配偶者といったものだと思われます。このような，祭祀主宰者のあり方は，婚姻した夫婦とその間の子を基本とする民法の考えかたにも合致するものと考えられますし，「祖先の祭祀は今日もはや義務ではなく，死者に対する慕情，愛情，感謝の気持ちといった心情により行われるべきである」という考え方にも，被相続人の意思にも合致するものだと思います。

　（ウ）祖先の祭祀主宰者と被相続人の祭祀主宰者の関係について，配偶者が被相続人の遺骨を取得し，他の者（たとえば本事例のB，Cのような先妻の子，被相続人の兄弟の血族）が被相続人の所有した祭祀財産を承継するということもありうるところです。

　しかし，多くの場合，このように祭祀主宰者を別々に決めることが妥当だとは思われません。多く問題となる配偶者について言えば，確

かに配偶者は被相続人の血族ではありませんが，祖先のための祭祀財産を所有していた被相続人の祭祀主宰者として遺骨を取得する者であり，遺骨は被相続人の祖先が祀られた墳墓に納められ，被相続人の位牌は祖先と同じ仏壇に置かれます。このような常識的な遺骨や仏壇，位牌等のあり方からすれば，原則的には被相続人の祭祀を主宰すべき者が，祖先の祭祀をも主宰すべき者として祖先のための祭祀財産も承継し，祖先のための祭祀を被相続人の祭祀と合せて行うとすることが妥当であると考えられます（東京高決平成6年8月19日判タ888号225頁及び同所に参考としてあげられている同決定の原審判）。祭祀は過去から順に下って祀られるのではなく，現在から遡って祀られるのであり，もっとも重要なのは一番新しい死者の祭祀だと思われます。

このような祖先の祭祀主宰者と被相続人の祭祀主宰者の双方が問題となる場合には，(ア) に記載した判断基準に加えて，被相続人がその遺骨を祖先のための祭祀財産である墳墓に祀られることを望んでいたか，また，父母と合せて自己の祭祀を行うことを望んでいたかという被相続人の意思と，被相続人の祭祀主宰者が被相続人と合せて祖先の祭祀を祀る意思があるかが重要なポイントになると考えられます。

（6） 事例についての考え方

（ア）Xの遺骨について

結論：配偶者 A が所有権を取得します。

理由：A は葬儀に関する費用，納骨に関する費用負担しており，また，X の東京都の公営霊園の使用権の承継の手続をとり，管理料の負担もしていることからしますと，X の祭祀を主宰する意思があるものとかんがえられます。A が祭祀にまつわる行為を継続していくだけの経済的能力があるかどうかは明確ではありませんが，X の遺産分割がなされていること，葬儀費用等を負担していることからすれば，ただちに祭祀に係る費用負担に窮するといった事情はなさそうです。X と A がマンションで一緒に生

活し，Xの最後を看取ったことからしますと，Xに対する慕情，
愛情，感謝の気持ちといった心情から祭祀を行うことが期待で
きますし，それがXの意思に沿うものとも考えられます。従っ
て，AはXの祭祀を主宰すべき者としてXの遺骨を取得しま
す。

　Bは，Xと先妻との間の長男であり，年に数回程度会ってい
たということですが，Aとの間の親疎には大きな違いがあると
思われます。Bは，Xの葬儀で遺族代代表として会葬者に挨拶
をしていますが，これをもって「祭祀を主宰すべき者」とする
ことはできません。

（イ）祖先についての祭祀財産の承継者

結論：Aが祖先の祭祀財産，すなわちXが所有していた墳墓，仏壇，
　　　位牌の所有権をXの実父母（祖先）の祭祀を主宰すべき者とし
　　　て承継します。

理由：（a）Xは，その父母の葬儀の喪主をつとめ，それらの遺骨をX
　　　が使用許可を受けた公営霊園にXが建立した墳墓に納め，仏
　　　壇，位牌を購入し，自宅マンション内に安置しており，年忌の
　　　法要もXが行ってきており，Xが実父母の祭祀を主宰する者と
　　　なります。本事例では，Xの二人の弟もXが実父母の祭祀を行
　　　うことを当然としていたようですので，Xは協議により祭祀を
　　　主宰すべき者となったということができます。

　　　（b）Xの実父母のための祭祀財産はXが出費して購入したも
　　　のですから，当然，Xが権利者となります。そして，これらの
　　　祭祀財産はXが死亡しますと，897条が適用される祖先のため
　　　の祭祀財産となります。

　　　（c）Xの実父母の遺骨は，その祭祀を主宰すべきXが897条
　　　の類推適用により所有権を取得し，祭祀財産に準じる物とし
　　　て，X死亡に当たって，897条の祖先の祭祀財産となります。

　　　（d）Aは，Xの実父死亡後にXと婚姻し，Xの実母とも同居

していませんが，Ｘの実父母の仏壇や位牌は自宅マンションに置かれ，Ｘの実母の葬儀や実父母の法要にはＸの配偶者としての役割を果たしていました。Ｘ死亡後は，（ア）に記載したとおり，Ｘについての祭祀を主宰する者としてＸの遺骨を霊園に納め，位牌も仏壇内に納められています。

Ａは，祖先のための祭祀財産を所有していた被相続人の祭祀を主宰する者であり，Ｘの遺骨が納められた墳墓や自宅内で仏壇や位牌を管理することになりますから，Ｘについての祭祀を行うことと合せて，Ｘの実父母の祭祀を行うことを期待することができるでしょう。被相続人Ｘの意思は，自分の遺骨も自分が用意した墳墓にその実父母と一緒に祀って欲しいいうものであったとするのが普通でしょうし，ＡがＸの遺骨をＸの実父母と同じ墳墓に納骨したということは，ＡもＸの実父母の祭祀を行うことを了解しているということができると思われます。

ＢはＸの実父母の血族ですが，Ｘの実父母の祭祀についてはＢを主宰すべき者として，Ｘについての祭祀を主宰すべき者（Ａ）と別々にしなければならないほどの理由になるとは考えられません。Ａは昭和37年生まれですから60歳を超えることになりますが，祭祀を行なえない年齢とは言えないでしょうし，仮により高い年齢であったとしても，被相続人Ｘの意思は，ＡがＸの遺骨とともに，Ｘが所有する祭祀財産を承継して供養して欲しいというものであったと考えることができると思います。ＢがＸの所有する祖先のための祭祀財産を承継するのは，ＡがＸの実父母の祭祀の主宰者となることを拒み，Ｘの遺骨を納骨しないといった場合であると思われます。

子のいないＡが死亡したときに，誰がＸやＸの父母の遺骨を含む祭祀財産を承継するのか不安だというＢの気持ちは理解できますが，Ａが祭祀を主宰すべき者を指定していれば，その指定に従うだけのことだと思います。指定がない場合に考える

べきことは，まず A の祭祀を主宰すべき者として誰が妥当であるかということであり，ここでも A の祭祀を主宰すべき者が A の祖先である X や X の実父母の祭祀も主宰すべき者として祭祀財産を承継することになります。B は A の相続人ではありませんが，A の祭祀の主宰者となれば，B は A の遺骨とともに，X や X の実父母の遺骨を含む祭祀財産を承継することになります。A の兄弟が A の遺骨の取得を希望し，B が X や X の実父母の祭祀財産の取得を望むといった場合には，それぞれについて別々の者を指定することができると考えられます。

（7）調停進行のあり方

（ア）本事案は，「仏壇，位牌や墓を承継する者を A，B いずれにするのか話合いがまとまりません」というものですが，B は「A には子供がいないから，A が死んだときに，墓や位牌を誰が引き継ぐのか不安だ。この際，私が祭祀承継者となり墓や位牌を引き継いだ方が，将来のためになるのではないか。私としては，A が死んだ後に A の遺骨を墓に納める積りでいる」としていますから，X についての祭祀についても B が主宰すると考えているようにも思われます。従って，調停委員会としては，B の申立てが，X の実父母についての祭祀財産の承継者の指定のほか，X についての祭祀財産（遺骨）の取得者の指定を求めることを含んでいるのかを，B に確認することが必要となります。もし，X についての祭祀財産（遺骨）の取得者の指定も求めるものである場合には，B を促して，X についての祭祀財産の取得者の指定の申立てをさせるべきだと思います。

（イ）審判がなれる場合には，（5）に記載したとおりの結論となります。

これと同じ内容で調停が成立する場合には，X については「当事者全員は，被相続人 X の祭祀の取得者を相手方 A と定め，相手方は被相続人 X の遺骨を取得する」，X の祖先（X の実父母）については「当

事者全員は，被相続人Xの祖先の祭祀の承継者を相手方Aと定め，相手方Aはその祭具及び墳墓の権利を承継する」といった形の調停条項となります。これらにいう祭祀とは祭祀財産のことです。

　（ウ）調停ですと，様々な形で，当事者の考えを反映することができます。たとえば，Xについての祭祀を主宰すべき者をA，祖先についての祭祀を主宰すべき者をBとすることも可能です。本事案では，Xの遺骨はXが所有する墳墓に納められていますから，AがXの遺骨の引渡しを希望する場合の調停条項としては「当事者全員は，被相続人Xの祭祀の取得者を相手方Aと定め，相手方は被相続人Xの遺骨を取得する。申立人Bは，相手方Aに対し被相続人Xの遺骨を引き渡せ」という形になるでしょう。本事例では，Xの遺骨は墳墓に納骨されていますが，Xがその所有者ですから，遺骨であるからといって引渡請求を否定する理由はありません。**(注1)** に記載する最判平成元年7月18日家月41巻10号128頁は遺骨の引渡しを求めた事例です。直接強制も可能です。

　そのほか，Xについての祭祀を主宰すべき者及び祖先についての祭祀を主宰すべき者をいずれもAと定め，そのうえで，AがAの祭祀及び祖先（X及びXの実父母）の祭祀を主宰すべき者として，Bを指定するという調停条項を設けることも可能でしょうし，Xについての祭祀を主宰すべき者及び祖先についての祭祀を主宰すべき者をいずれもBと定め，そのうえで，「Aはその祭祀の取得者をBと指定する。BはAの火葬をなし，その遺骨をBが所有する所有する祖先の墳墓に納めること」といった条項を作ることも可能でしょう。ただし，いずれも強制する方法はないと思われます。

　（エ）本事例では，Aが公営霊園の使用者の地位を承継しています。仮に，Bが墳墓の所有権を承継することになったとしますと，この使用者の地位をBとする必要があります。各霊園により差があるでしょから，当事者に事前に問い合わせをさせておくべきでしょう。東京都の場合，東京都霊園条例に使用者の地位の承継の定めがあり（19条），

使用者（A）の死亡以外の承継事由である同施行規則 17 条 1 項 4 号の「使用者が祖先の祭祀を行うことが困難となった場合」に該当するとして，A から B への使用者の地位の承継手続をなすことになると思われます（大阪高決昭和 59 年 10 月 15 日判タ 541 号 235 頁）。

（8）分骨について

（ア）分骨というのは，複数の場所に埋葬することの前提として遺骨を複数に分けることです。墓地，埋葬等に関する法律施行規則第 5 条に分骨の手続についての規定があり，分骨が許容されることは明らかです。

（イ）相続人等関係者の間で，どのような場合に分骨が認められるのかは法律に規定はありません。

（a）先に記載したとおり，遺骨の所有権は 897 条を類推適用することによって，祭祀主宰者が取得するものと考えられます。本事例について，X の遺骨は A が取得し，X の実父母の遺骨は X が取得して A が X の死亡後，祖先の祭祀主宰者として承継することになるとしました。いずれについても，A が X の遺骨及び X の実父母の遺骨の所有者となったのは，A が祭祀主宰者だからです。そうであれば，B がこれらの遺骨ついて A に分骨を求めることができるとすれば，B は A と並んで X の祭祀主宰者であり，B は A と並んで X の実父母の祭祀主宰者であり，これらの遺骨の所有者となった（大阪高決平成 30 年 1 月 30 日判タ 1455 号 74 頁は「分属」という表現をしていますが，共有というほかないと思います）ということでなければならないと考えられます。遺骨の所有権の帰属について，897 条の類推適用及び同条の適用以外の法的根拠に基づくとする理由は見当たりません。

（b）複数の祭祀承継者が存することに関しては「極めて特別の事情がない限り，一人である」（中川善之助＝泉久雄『相続法［第 4 版］』〔有斐閣・2000〕215 頁），「祭祀財産は祭祀を行うための用具であるから，それが著しく遠隔地にあるとか，歴史的価値が高く祭具本来の意味を失った

等特段の事情がある場合を除き，原則として先祖の祭祀を主宰するのにふさわしい者がその権利を単独で承継すべきである」（前掲昭和59年10月15日判タ541号235頁）として，特別な事情がなければ，一人であるとするのが一般的だと思われます。裁判例としては，複数の墓地が存する事案で，うち一つを被相続人の先妻の子が，もう一つの方を被相続人の後妻がするとした例（前掲東京高決平成6年8月19日），被相続人の三男が墳墓の，祭具（仏壇，位牌）については長男を承継者として指定した事案（奈良家裁審平成13年6月14日判タ1096号102頁）等複数の者が祭祀財産を承継したものが見受けられ，複数の祭祀財産の承継者が認められることがそれほど珍しいわけではありません。たとえば，一回忌，三回忌の法要を，本事案でいえばAとB双方が主宰して行うことや墓を二人で管理するといったことは不自然ですから，祭祀主宰者は一人であり，墳墓や位牌といった祭具が祭祀主宰者となった者が単独で取得すべきだとするのが原則だと思います。審判例が，複数の者を承継者と指定したのは，関係者の紛争を背景に，祭祀財産を割り当てた，いわば落としどころを探ったというもののように思われます。なお，これらの裁判例は，個々の祭祀財産を複数の者に承継させた例であり，一つの祭祀財産を複数の者が承継したものではありません。一つの祭祀財産を複数の者が承継させれば，紛争の種を播く結果となってしまいます。

（c）遺骨が特異なのは，遺骨は礼拝の基本的対象であり他の祭具をもって変えることができないことと，物理的に分けても祭祀の対象としての意義を持ちうることという点にあると考えられます。このような，遺骨の特殊性からしますと，分骨について必要性があり，かつ，分骨された遺骨が祭祀の対象となる場合には，分骨を求める者を，求められる者と並んで祭祀主宰者として，遺骨の取得者，承継者と指定した上で，分骨した遺骨の引き渡しを命じることができると思います。ここで分骨の必要性とは，関係者との関係の悪化や墳墓が遠隔地にあるため墓参が困難であるとか，霊園や寺院に対する管理料等の支

払がなされていないなど墳墓の管理が十分にされていないといったことなどであり，分骨された遺骨が祭祀の対象となるとは，分骨された遺骨が別の墳墓に納められ，祭祀の対象として供養されるということです。

　仮に，本事案で，Ａ，Ｂ双方がＸ及びＸの実父母の双方の祭祀主宰者に相応しいと判断すれば，家庭裁判所はＡがそれら遺骨を占有していることを前提に「Ｘの遺骨を取得すべき者を申立人Ｂ及び相手方Ａと定める。Ａは，Ｂに対し，分骨したＸの遺骨を引き渡せ」「Ｘの実父母の遺骨の承継者を申立人Ｂ及び相手方Ａと定める。Ａは，Ｂに対し，分骨したＸの実父母の遺骨を引き渡せ」といった形の審判をすることなると思います。なお，「分骨手続をせよ」という請求は，**(注1)** に記載する家事事件手続法190条2項の範囲を超え，審判をすることはできません。分骨自体は，Ａにしてもらうほかありません

　前掲大阪高決平成30年1月30日は，10歳で死亡した被相続人の死後30年以上経過後になされた分骨請求の事案です。この事案は，被相続人の母が離婚後20年余り後に夫であった被相続人の父に対して被相続人の遺骨の分骨を求めたものです。「相手方（父）は，申立人（母）に対し，被相続人の遺骨につき分骨手続をせよ」「相手方は，申立人に対し，分骨された遺骨を引き渡せ」というのが申立ての趣旨です。決定は，「祭祀の対象となる本件遺骨を抗告人（申立人のことです）に分属させなければならない特別の事情があるということはできない」として分骨請求を否定しました。この事案では，原審判によれば被相続人の祭祀の主宰者を父とすることを申立人と相手方の間で定めており，遺骨は祭祀財産に準じて父が取得しています。従って，もし，妻が分骨の請求が認められるためには，母が祭祀主宰者として追加されるべきである，897条2項に則せば妻も被相続人の遺骨を取得すべき者に当たると言わなければならないでしょう。先に記載した，遺骨は礼拝の基本的対象であり他の祭具をもって変えることができないことと，物理的に分けても祭祀の対象としての意義を持ちうるという点からす

れば，このような追加的に母を祭祀主宰者と指定することも可能であると考えますが，そのためには，先に記載した，分骨について必要性があり，かつ，分骨された遺骨が祭祀の対象となるということを明らかにすることが必要であると考えられ，これが大阪高決のいう特別の事情だと思われます。大阪高決の事案では，父が母の墓参を拒んでおらず，父が被相続人の墳墓の管理を継続しているといった事実を認定して，特別の事情はないと判断しています。

　なお，このような追加的な祭祀主宰者が認められとした場合，父が所有する被相続人の遺骨の一部を母が民法897条2項の類推適用により承継取得したということになると思います。遺骨の所有権の所得は原始取得ですが，いったん父が祭祀主宰者として原始取得していますから，承継取得と考える方が常識的だと思います。

注釈 annotation

（注1）　　　　　　　　　　　　　　　　　　　　　　　　　annotation
地方裁判所と家庭裁判所の権限の分配

1　祭祀主宰者の指定，慣習による祭祀主宰者
（1）被相続人による祭祀主宰者の指定（897条1項但書）に特別な方法はありません。書面でも口頭でも，黙示でも構いません。

　被相続人の実子が内縁の妻に対して被相続人の遺骨の引渡しを求めた事案について，遺骨は祭具に近似するものとして897条の準用によって承継されるとしたうえで，遺骨の管理を委ねた内縁の妻が遺骨の所有権を承継した判例（高知地裁平成8年10月23日判タ944号238頁）がありますが，管理を委ねることがどうして遺骨所有権承継（取得）の原因となるのか不明であり，端的に祭祀主宰者の指定があったとすることが良かったと思います（もっとも，訴訟手続的には実

子が遺骨の所有権を取得したことの証明がないとすれば足りるはずです）。

　審判例を見ますと，明確な形では指定はないとしながら，被相続人と生活を共にし，被相続人の世話をしていたこと，被相続人の事業を承継したことといった事実から被相続人の意思を推測したうえで，家庭裁判所が祭祀財産の承継者を指定するというものがあります（長崎家諫早出張所審昭和 62 年 8 月 31 日家月 40 巻 5 号 161 頁，東京家審平成 12 年 1 月 24 日家月 52 巻 6 号 59 頁）。また，近親者がいない場合に最も血縁の近い者が祭具及び墳墓を承継する慣習があるもののように推認されるとしたうえで，祭祀財産の承継者を指定した審判例もあります（福岡家柳川支部審昭和 50 年 7 月 30 日家月 28 巻 9 号 72 頁）。

　（2）慣習によって祭祀主宰者が決められた裁判例は，比較的最近までは見当たらないようです（西岡清一郎「祭祀財産の承継者の指定の手続・要件」判タ 1100 号 450 頁）。しかし，比較的最近に至って，被相続人の遺骨の所有権の帰属の根拠として，祭祀主宰者が慣習によって決まるとする判決が登場しています。まず，東京高判昭和 62 年 10 月 8 日判タ 664 号 117 頁は，被相続人の配偶者が被相続人の実母に被相続人の遺骨の引渡し（遺骨引取妨害差止という形をとっています）を求めた事案について，夫の死亡後その妻が原始的に夫の祭祀を主宰することは，婚姻夫婦及びその間の子をもって家族関係形成の原初形態としている民法の法意及び近時のわが国の慣習に徴し，法的にも承認されて然るべきだとしたうえ，遺骨は祭祀財産に属すべきものであることは条理上当然であるから，遺骨の所有権は生存配偶者に原始的に帰属するとしました。民法の法意で祭祀主宰者が決まるとする法文上の根拠はありませんから，慣習によって祭祀主宰者が決まるとしたものだと思われます。最判平成元年 7 月 18 日家月 41 巻 10 号 128 頁（第一審判決，控訴審判決も掲げられています）は，被相続人夫婦の養子が，宗教的な繋がりをもって被相続人夫婦と同居し身の回りの世話をし，被相続人夫婦死亡後はそれらの遺骨を占有する者に対し，訴訟によりその引渡しを求めた事案について，第

一審が被相続人夫婦の遺産は原告（養子）においてすべて取得したものであり，被告らの占有している遺骨もまた同様であると判示したのに対し，控訴審は被相続人夫婦の遺骨の所有権については，特段の事情あるいは被相続人夫婦の指定がない限り慣習に従って祭祀をすべき者とみられる相続人である被控訴人（養子）に帰属したものいうべきであるとし，この判示について，最高裁は「本件遺骨が慣習に従って祭祀を主宰すべき者である被上告人（養子）に帰属したものとした原審の判断は，正当として是認できる」としました。訴訟であるこれらの事案では，遺骨の引渡請求を認容するためには，遺骨の所有権が原告に帰属していることを明らかにする必要があり，そのために，控訴審及び最高裁は，慣習により祭祀を主宰すべき者が決まっていると認定する必要があったものと考えられます。そして，この判断の前提としては，本文に記載するとおり，被相続人自身についての祭祀主宰者も慣習によって定まりうる，遺骨は祭祀財産の一つとして所有権の対象となるという判断があることになります。

　これらの判例の「慣習」とは民法897条1項の慣習のことであり，内容としては，実母より配偶者が，非血縁者よりも血縁者（最高裁の事案は養子）が祭祀を主宰すべきだとする慣習ということになります。

2　指定もしくは慣習について争いがある場合

　（1）民法897条1項は，被相続人の指定及び慣習によって祭祀主宰者が決まる場合を定めています。祭祀主宰者は，祭祀財産を承継します。これに対し，同条2項は，指定がなく，慣習が明らかでない場合に家庭裁判所が祭祀財産を承継すべき者を定めるとしています。1項は，被相続人の指定，慣習という事実に基づく判断であり地方裁判所に管轄があり，2項は後見的判断であり家庭裁判所に管轄があります。

　祭祀財産に関しては，多くの裁判例がありますが，この2種類の

ものが存在しています。地方裁判所の系列の事件では，祭祀主宰者の確認を求めるものもありますが，祭祀主宰者であることを前提に遺骨の引渡しを求めるものが多く見られます。これに対し，家庭裁判所が扱う2項の方は，裁判所が祭祀財産を承継すべき者を後見的に形成して定めるものであり，この形成的判断を抜きにしては祭祀財産の帰属は決まりません。祭祀財産の引渡しについての家事事件手続法190条2項は，紛争の一回的解決を図るための便宜的な定めということになります。

　（2）家庭裁判所に2項の申立てがあったときに，審理した結果，被相続人による指定及びその内容が確定できた場合，慣習の存在及びその内容が確定できた場合，家庭裁判所は審判もしくは調停の申立を却下すべきなのかという問題があります。（1）に記載した地方裁判所と家庭裁判所の役割の分担からすれば却下すべきことになりそうです。しかし，このように解釈してしまいますと，あらためて地方裁判所に祭祀主宰者であることの確認や祭祀財産の引渡しを求めなければならず，訴訟経済に反する結果になりますし，当事者にとってもはなはだ面倒なことです。従って，家庭裁判所としては，その指定または慣習に内容に従って，祭祀財産の承継者を指定する審判もしくは調停を成立させるべきだと思われます（沼辺愛一「身分法研究」［第46回］ジュリ393号131頁）。1（1）に記載した審判が被相続人の意思や慣習の存在を推認しながら，祭祀財産の承継者を指定したのは，地方裁判所と家庭裁判所の役割に配慮したものだということができると思います。解釈としては，当事者間に争いがあれば，指定もしくはその内容，慣習の存在もしくはその内容が明らかでないとして，家庭裁判所は2項による祭祀財産承継者の指定ができると理解することになると思います（福岡家裁小倉支部審平成6年9月14日判タ913号172頁）。

　（3）家庭裁判所の祭祀財産の承継者については，（2）のような解釈が可能ですが，地方裁判所は被相続人の指定，慣習について事

実認定をしたうえで判断することとなります。これらの事実が確定できなければ，祭祀主宰者の確認請求も祭祀主宰者であることを前提とする祭祀財産の引渡請求も棄却するほかないこととなります。協議により祭祀主宰者が決まったとの主張を前提とする訴訟で，協議の成立が認定できない場合も同じです。

祭祀財産の承継者を指定する審判（調停）の当事者

1　調停に参加する方法

（1）本文は，祭祀財産の承継者の指定は，共同相続人全員が揃わなければ有効な審判をすることができない場合に該当するという理解に基づいています。遺産分割事件で相続人の一部が当事者とされていないときと同様です。

（2）これに対し，Xの弟Dは，自分の実父母も葬られているから，自分が祭祀承継者に相応しいと主張して当事者参加をすることができますし（家事41条1項），このような主張をしていることが調停手続で明らかになった場合には，家庭裁判所が当事者となる資格を有する者として当事者参加をさせることも可能です（同法41条2項）。

（3）結論としては，C，Dいずれについても，みずから当事者参加すること，またAもしくはBの申立てによりまたは職権により引き込みによる当事者参加をさせることが可能です。

（1）及び（2）の理解は，897条2項の祭祀財産承継者指定の調停・審判の当事者は「祭祀財産は相続に対象とならないとはいえ，被相続人の所有に属していたこと，並びに祭祀財産の指定の審判または調停が社会的慣行や被相続人生前の意思や被相続人との人的関係等からみて，何人を権利承継者とするのが相当であるかを判断す

ることに合せ考えるならば，当事者は共同相続人および当該祭祀財産の権利承継につき，法律上の利害関係をもつ親族またはこれに準ずつ者が解すべきことが妥当であるからであり，乙類審判事項（注：家事事件手続法の別表第2事項）については，審判・調停を通じて当事者は同一と解すべきであり，祭祀承継者の権利承継者の指定事件についても，この点を別異に解すべき理由はない」とする見解（前掲・沼辺愛一「身分法研究」［第46回］130頁。東京家審昭和42年10月12日判タ232号246頁）に基づき，C，Dいずれもが当事者となる資格を有するものとしたっえで，共同相続人Cについては，当事者として参加しなければ有効な審判ができないとの趣旨で家事事件手続法41条2項の審判を受ける者となるべき者に該当し，共同相続人でないDについては，Dを当事者として参加させなくとも審判をすることはできるが，より根本的な解決をするために参加させるという趣旨で家事事件手続法41条2項の審判を受ける者となるべき者に該当すると考えるものです（金子修編著『逐条解説・家事事件手続法（第2版）』〔商事法務・2022〕132頁）。共同相続人の範囲はおのずと限定されますが，Dのような第三者の範囲は無限定ですから，これら第三者が参加しなければ有効な審判をなすことができないとまでは言えません。A，BによるCの引き込み申立てを却下する余地はなく，Dの引き込みについては相当性の審査をすることになりますが，D自らが祭祀承継者に相応しいとしていることが明らかであれば，原則的に相当性を認めて手続きに参加させることになると思われます。

　なお，共同相続人A，B，Cを当事者とする調停で祭祀承継者を決めても，Dは自分こそ祭祀承継者に指定されるべきだとして，調停の申立てをすることができます。審判でも同様であり，対世効は認められないと考えられます。

2　特殊な問題

　（1）本文で掲げた福岡家裁柳川支部審昭和48年10月11日及び松江家裁審平成24年4月3日は，相続人が不存在もしくは相続

人及び相続関係者が不明という場合において，被相続人の墓地（所有権もしくは共有持分）の模様替整備や墓地及びその近隣の道路改良事業の必要上，墓地の管理世話人や土地改良事業の起業者が祭祀財産（墓地や墳墓類）の承継者の指定を求めて審判の申し立てたものです。いずれも，墓地や墳墓類の管理者を承継者に指定しています。墓地の管理人が祭祀財産承継者に相応しいかどうかという問題はありますが，墓地や墳墓類の管理が継続されるという点で許容できると思います。

　福岡家裁柳川支部の事案は相続人のないことが明らかであり，松江家裁の事案は相続人の存否が不明であり，いずれも「相続人のあることが明らかでないとき」として（「相続人のあることが明らかでないとき」の解釈については，松原正明『判例先例相続法Ⅲ［全訂］』〔日本加除出版・2008〕265頁），相続財産法人が成立していました（951条）。相続財産法人は，法主体のない財産が認められないため，相続財産そのものに法主体性を認めたものに過ぎず，わざわざ相続財産管理人（令和3年法律24号により相続財産清算人と名称変更）を選任したうえで，相続財産法人を相手方とする必要はないと思われます。両者とも，墓地及び墳墓類以外に遺産がなく，相続財産管理人の選任を求めるだけの必要性に乏しく，また，祭祀財産が国庫に帰属してしまうと事業遂行上困るという事案のようです。

（2）（1）の松江家裁の事案は，相手方とすべき者が不明であるとして相手方のないまま申し立てられて，審判に至ったものです。裁判所は，審判に当たって，祭祀財産（墓地や墳墓類）の承継者と裁判所が指定した者が承継者となることを承諾していることを確認しています。きわめて特殊な事案ですが，相手方がないとすると，あたかも家事事件手続法の別表第1事項のようになってしまいますから，審判により承継者と指定された者を相手方とすべきだったと思います。福岡家裁柳川支部の審判は，指定された墓地管理者を相手方としています。また，調停や審判で，当事者以外の者を祭祀財産

の承継者を指定する場合には，この松江家裁のように事前に指定を受ける者の承諾を得ておくことが妥当だと考えられます。本事例のCのように祭祀を主宰する考えのない者を祭祀財産の承継者と指定する場合も同様です。本文に記載したとおり祭祀財産の承継は辞退したり，放棄することはできないとされていますが，祭祀を主宰する意思のない者を指定することは，先祖を祀るために遺産共有を前提とするルールとは別の承継方法を定めた趣旨に反するものと思われますので，実際の運用としては承諾を得ておくべきだと考えられます。

（3）祭祀主宰者の指定も慣習もなく，祭祀財産の承継者指定の申立てもない場合には祭祀財産は一般の相続財産と扱い，相続人があることが明らかでなければ，家庭裁判所は相続財産清算人選任の審判をすることができ，最終的には国庫に帰属することとなります（951条・952条1項・958条の2。沼辺愛一「身分法研究」［第47回］ジュリ395号117頁）。承継方法の差はあるも，祭祀財産が被相続人の財産であったことに差はなく，祭祀財産の承継者がいなければ，一般相続財産と同じ扱いをするほかないからです（祭祀財産の承継者として適任者がいないとして却下の審判がなされた場合には一般相続財産に取り込まれるとの解釈と同様です（前掲・松原『判例先例相続法Ⅰ［全訂2版］』415頁）。

次に，相続財産清算人が選任された後にこの相続財産清算人を相手方とし祭祀承継者指定の調停や審判の申立てができるか，また，被相続人による祭祀主宰者の指定があることが判明し，または，祭祀財産の承継者指定の調停が成立しまた審判がなされた場合に相続財産清算人はこれらの者の祭祀財産の引渡しができるのか（祭祀財産承継者は引渡請求をすることができるのか）という問題があります。相続財産清算人は，相続財産の清算をなすべき立場にありますから，本来，清算を予定しない祭祀財産を管理する立場にあるとは考えられません。しかし，いったん一般相続財産と扱われた祭祀財産について承継者があらわれたときには，相続財産清算人は祭祀財産を理由

なく管理していることになりますから，祭祀財産承継者に引き渡すべきですし，このように引き渡すべき立場にあるならば，祭祀財産承継者指定の調停や審判の相手方にもなると考えられます。

　相続財産管理人の業務は，特別縁故者に対する相続財産の分与をなして，残余の財産を国庫に帰属させて終了します。この点について争いがあるのは，特別縁故者に祭祀財産を分与できるかということです。肯定する審判例として長野家裁伊那支部審昭和38年7月20日家月15巻10号146頁があります。この審判は，没落したいわゆる本家の当主（被相続人）が本家の墓地（共有持分）の管理や祖先の祭祀等を分家の者に依頼して朝鮮に渡ったがその翌年死亡し，墓地については分家の者が代々管理し，分家の者も同墓地に埋葬されてきたという事案で，分家の現当主は特別縁故者に当たり，これが墓地を所有して祖先の祭祀を行うことが被相続人の意思にも合致するとして，分与を認めたものです。これに対し，祭祀財産は祭祀財産承継のルールによるべきとして否定するのが一般的です（人見康子「身分法研究」[第17回]ジュリ306号54頁，山口純夫「分与対象財産」判タ688号292頁，中川善之助＝泉久雄『相続法（第4版）』[有斐閣・2000]215頁）。しかし，上記のとおり，祭祀財産も祭祀承継者がいなければ一般の相続財産となるのであり，この審判は祭祀財産承継者を認定したうえでこれにその承継を認めたものではなく，一般の相続財産として墓地の分与を認めたものに過ぎませんから，特に否定する理由はないと思われます。もちろん，最終的に国庫に帰属する前であれば，相続財産清算人に対し祭祀財産の承継者の指定を求めて調停や審判の申立ても可能だと考えられます。なお，前掲沼辺「身分法研究」[第47回]ジュリ395号118頁は，相続人捜索の公告期間が満了するまでは，祭祀財産承継者の指定，その後は特別縁故者への分与の問題としていますが，相続財産清算人が管理しているのであれば，相続人捜索の公告期間満了後であっても祭祀財産承継者の指定の申立てを否定する理由はないと考えられます。

墓地の承継

1　墓地と祭祀財産

　897条1項の墳墓は，唐櫃，墓石，墓誌等の墓地上の設備のことを言います。同項は墓地自体を祭祀財産としてあげていません。これは「墓地」という言葉が所有権を想起させるため，その利用を避けたものだとされています。実際のところ，多くは寺院や地方公共団体が墓地の土地の所有権者です。しかし，墳墓は土地上に存し，そのためには何らかの使用権限が必要です。このため，墳墓の所有権の中には墳墓と一体不可分の関係にある墓地使用権が含まれる（竹内康博「墓地使用権の承継」ジュリ975号21頁），祭祀財産には，墳墓に準ずるものとして，墓地の所有権あるいはその使用権などの用益権も含まれる（前掲・松原『判例先例相続法Ⅰ［全訂2版］』391頁）などと解釈されています。

2　墓地の使用権

　寺院，民間会社，地方公共団体等が，墓地，霊園，墓園，墓苑等と名付けた一体の土地の所有権を有し，これを区画に分け，区画ごとに使用することを認めるものが多いと思われます。使用を認める際には，一定のある程度まとまった使用料等を支払い，その後は1年毎に数千円程度の金員を管理料といった名目で支払うことになります。この使用がどのような権利に基づくものなのかについては，墓地等ごとに差があるでしょう。世上「墓を買う」という言葉が用いられるのは，使用料が相当高額になることがあることと，使用期間が長期におよぶからだと思われます

　本事例は，東京都の公営霊園であり，東京都霊園条例によって規律されています。この条例では使用の許可という表現が用いられています。使用料は，東京都が霊園ごとに差があり，一般埋蔵施設（墓石等を設置する場所のことです）について，もっとも高額な青山霊園で

は，東京都に住所を有する者が1平方メートル当たり金283万円9000円です（同条例第12条1項・別表2，同条例施行規則11条1項・別表1。東京都の区域外に住所を有する者は2割増し）。管理料は，1年で1平方メートル当たり金700円です（同条例第12条1項・別表3，同条例施行規則11条1項・別表2）。

　民営の墓地について，厚生省生活衛生局長から都道府県知事等宛の「墓地経営の・管理の指針」及び「墓地使用に関する標準契約約款」が通知されています（平成12年12月6日生衛発第1764号）。なお，この標準契約約款には「墓地使用型標準契約約款」と「埋蔵管理委託型標準契約約款」の2種類があり，後者は生涯独身の人や子供のいない夫婦のように墓を承継させることが難しい人，子どもに負担をかけることを望まない人等が利用する「永代供養墓」であり，承継されること前提としないものです。

　寺院墓地については，寺院ごとに差があるでしょうが，公営墓地や民営の墓地と異なるのは「檀家」制度が存することです。

3　墓地使用権の承継

（1）一般的には墓地は，代々承継されるものですから，使用権の承継が認められるべきものです。

（2）東京都霊園条例第19条1項は，埋蔵施設（先にあげた一般埋蔵施設のほか，芝生埋蔵施設のほか何種類の埋蔵施設があります）の使用者の地位を承継しようとする者は，祖先の祭祀を主宰する者でなければならないと定めています。この897条1項と同じ祖先の祭祀を主宰する者という表現にもかかわらず，公益財団法人東京都公園の説明書では，使用者（名義人。本文の事案ではX）が死亡した場合において，承継の申請者が使用者の祭祀を主宰していることが分る書類を用意して申請すれば使用者の地位を承継して名義を変更することができるとされています。使用者の祭祀を主宰していることが分る書類としてあげられているのが，申請者（本文の事案ではA）宛の使用者の葬儀費用の領収証です。したがって，本文の事案で，Aは，一人で容

易に名義を変更できることになります。ここには，使用者の祭祀の主宰者が，あわせて祖先（本文の事案ではXの実父母）の祭祀も主宰することが常識的だと判断があると思われます。祖先の遺骨も使用者の遺骨も同じ墳墓に納められるからです。なお，この説明書には，親族の協議による場合，被相続人の祭祀主宰者が他の親族を推薦する場合，遺言や家庭裁判所の審判等で祭祀承継人が指定された場合等についても必要書類の解説があります。

厚生省生活衛生局長「墓地使用型標準契約約款」第7条1項は，「使用者の死亡により，使用者の祭祀承継者がその地位を承継して墓所の使用を継続する場合には，当該祭祀承継者は，すみやかに別紙様式による地位承継届出書に住民票の写しをし終えて経営者に届出を行うものとする。」としており，その解説が民法897条1項本文を引いていることからしますと，使用者の祭祀主宰者ではなく，祖先の祭祀主宰者が墓所の使用権を承継するとされていると思われます。ただし，別紙様式が不明ですので，実際にどのように処理されるのかまでは分かりません。

寺院についても，使用権の承継がありますが，檀家も地位の承継が伴うことになります。

（3）**(2)** は墓地の使用権ですが，墓地が所有権である場合については，特有の問題があります。

（ア）地目が墳墓地（現行の不動産登記法34条2項・同規則99条では「墓地」）とされている土地の所有者が死亡した場合，相続を証する書面を添付書類として所有権移転登記ができます（昭和35年5月19日民甲第1130号民事局長通達。質疑応答「登記研究」357号83頁）。また，祭祀財産の承継によるとして，慣習，指定についての共同相続人の書面，または家庭裁判所の審判を添付して所有権移転登記が可能です（添付書類について昭和31年4月20日法曹会決議「法曹時報」8巻5号173頁）。相続による登記が認められるのは，地目が「墓地」であっても被相続人の祭祀財産かどうか登記官には確認できないことが理由だ

と考えられ，共同相続人の書面だけで承継の登記ができるのは墓地の承継に直接の利害関係を有する者は共同相続人に限られるからだとされています（上の法曹会決議）。

　相続によるときは，不動産登記法 63 条 2 項により単独申請が可能ですが，祭祀財産の承継による場合は相続による登記ではありませんから，共同申請となります。

　（イ）地目が墓地でありながら，大半の土地の現況は地目と異なり，宅地，田畑山林などである場合，墓地として祭祀財産となるのは，墳墓と社会通念上一体の物ととらえてよい程度に密接不可分の関係にある範囲に限られます（前掲・広島高判平成 12 年 8 月 25 日は，地目が墓地の 161 平方メートルの土地のうち 92 平方メートルを祭祀財産とし，その余を一般の相続財産としています）。

10

遺留分調停

青竹美佳

事案例 Xは，令和5 (2023) 年3月1日に唯一の財産である甲不動産（土地建物，評価額：3,000万円）を子Aに与えるという内容の遺言書を作成し，その翌日に死亡した。遺言によって，Aが甲不動産の所有権を単独で取得した。Xの相続人は，子A，Bの二人である。Bは，Xが死亡した直後は，この遺言の内容に納得し，その後しばらくは結果を受け入れていたが，自分がXの法定相続人であることから，Xの遺産から何も得られないのはおかしいと考えるようになり，色々と考えた末，2023年10月10日に，Aを相手に遺産分割調停を申し立てた。

調停において，当事者から次のような主張がなされ，これに対する反論がある。調停委員としては，当事者の主張及び反論をどのように理解整理し，調停の進行を図るべきか。

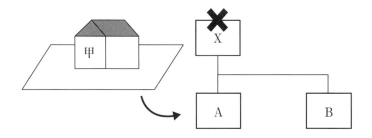

（1） 事実関係

遺産分割調停においては，Bは，Xの遺言が有効であることを認めていた。そこでは，Bが甲不動産について持分を有するかどうか，少なくとも金銭的な利益をBが得られるかどうかについて話し合われた。Bが遺産分割調停を申し立ててから5か月が経過し，かつXが死亡して遺言の存在をBが知ってから1年以上が経過した令和6（2024）年3月10日の調停において，BはAに対して，「遺留分侵害額請求権を行使します」と主張した。これに対して，Aは，権利行使できる期間を過ぎているので，Bは遺留分侵害額請求権を行使できない，と反論している。

（2） 当事者の主張及び反論

（ア）Bの主張

甲不動産をAに与えるという内容のXによる遺言は有効であるとしても，Bは，Xの法定相続人であり，遺留分権利者でもあるから，最低限度の取り分として，遺留分だけは確保できるはずである。Aは，遺留分をBに与えるべきである。遺留分侵害額請求権を明示的に行使したのは，令和6（2024）年3月10日であるが，それより前に行われた遺産分割調停の中で実質的には遺留分侵害額請求権を行使した上で話合いがされたといえるから，期間内に権利行使している。

（イ）Aの反論

Bは遺留分権利者であるが，期間内に，遺留分侵害額請求権の行使をしていない。遺留分侵害額請求権は，権利行使ができる時から1年間で時効によって消滅する。たしかに，Bは先に遺産分割調停の申立てをしているが，これは遺留分侵害額請求権の行使ではない。Bの遺留分侵害額請求権は1年の経過により，時効によって消滅している。したがって，今回の調停は不調とするべきである。

（3） 考え方

（ア）Bの遺留分についての主張

結論：Bは，1042条1項により，遺留分権利者として，Bに対して一定の額の金銭の支払いを求める権利（遺留分侵害額請求権）を持っています。

理由：遺言によっても奪うことのできない，Xの財産に対する一定割合の額についての，遺族Bに保障された最低限の金銭的な利益を，遺留分といいます**（注1）**。遺留分が保障されているといっても，遺留分を侵害するような遺言**（注2）**が無効となるというわけではありません。Xは全財産である甲不動産をAに与える内容の遺言をしていますが，このようなBの遺留分を侵害する遺言も完全に有効で，あとで効力が否定されるようなことはありません。ただし，遺留分を侵害されたBは，Aに権利を行使することができることになっています。

　ここで，Bは遺留分として，甲不動産に居住する権利を取得できるのか，つまり，甲不動産の持分を取得できるのかが問題になります。平成30 (2018) 年相続法改正前は，Bにはこのような持分の取得が認められていました。改正前のBの権利は，遺留分減殺請求権と呼ばれ，その行使により，BはXの遺言の効力を，遺留分を侵害する限度で失わせ，遺留分に対応する甲不動産の持分を取得することができました。しかし，改正後は，Bの権利は遺留分侵害額請求権となり，その行使により，Aに対する遺留分に相当する額の金銭債権を取得できるのみとなり，甲不動産への物権的な持分を取得できないこととなりました（堂薗幹一郎＝野口宣大編著『一問一答 新しい相続法──平成30年民法等（相続法）改正，遺言書保管法の解説〔第2版〕』〔商事法務・2020〕122頁）。もちろん，Aが金銭の支払いに代えて甲不動産の持分をBが取得することに同意する場合には，Bは持分を取得することができますが（民482条による代物弁済。中込一洋『実務解説改正相続

法』〔弘文堂・2019〕196頁），そうではない限り，BはAに対する金銭債権を取得できるのみということになります。

（イ）Aの反論について

結論： 遺留分侵害額請求権は，相続の開始，および遺留分を侵害する贈与または遺贈があったことを知った時から1年間行使しないときは，時効により消滅します（民1048条前段）。今回の事案では，Bは遺留分侵害額請求権を期間内に行使していないとみられ，Aは時効援用による請求権の消滅を主張することができます。ただし，Bは期間内に遺産分割調停の申立てをしており，これを遺留分侵害額請求権の行使とみることができれば，時効は成立していないことになります**（注3）**。

理由： 遺産分割調停の申立てに，遺留分侵害額請求権の行使の意思表示が含まれるかどうかが問題となっています。この問題は，遺産分割協議の申入れ，遺産分割審判の申立てについても同様に問題になります。

　判例についてみると，2018年相続法改正前の遺留分減殺請求権の事案について，次のような判断を示したものがあります。すなわち，被相続人の全財産が相続人の一部の者に遺贈された場合においては，遺留分権利者が遺贈の効力を争わずに遺産分割協議の申入れをしたときは，特段の事情がない限り，その申入れには遺留分減殺の意思表示が含まれている，という判断が示されています（最判平成10年6月11日民集52巻4号1034頁）。

　学説でも，遺産分割協議の申入れ等に，遺留分減殺請求の意思表示が含まれる，とみる立場が有力でした。その主な理由は，①遺留分減殺請求権の意思表示は明示される必要がなく，黙示でもよいとされていること，②遺留分減殺後に取り戻した財産が遺産に含まれるとの理解を前提とすれば，全財産が遺贈された場合には，遺留分減殺請求をしなければ，遺産はゼロということになるから，遺留分減殺請求をせずに遺産分割を求めるこ

とはあり得ないこと，③遺産分割の請求は，遺産の取得を求めることであり，遺留分減殺請求は，最低限の遺産の取得を求めるものであるから，遺産分割の請求は遺留分減殺請求を兼ねる，ということでした（高木多喜男『遺留分制度の研究』〔成文堂・1981〕221頁，中川善之助＝加藤永一編『新版注釈民法（28）〔補訂版〕』〔有斐閣・2002〕478頁〔中川淳〕，右近健男「判批」判例評論411号198頁）。このように，遺留分減殺請求権についての判例や学説は，遺産分割調停の申立てに遺留分侵害額請求の意思表示が含まれるとする見方に親和的であるといえます。

　ただし，②と③の理由については，相続法改正後の遺留分侵害額請求では，当てはまらないといえます。遺留分侵害額請求権は，遺贈や贈与の効力を否定して遺産を取り戻すというのではなく，単なる金銭債権を発生させるだけです。ですから，遺留分侵害額請求権を行使しても，遺産分割の対象となる遺産が受遺者や受贈者から戻ってくるということはありません。つまり，遺留分侵害額請求権を行使するのは，遺産分割を求めることではなく，金銭債権を取得して，受遺者や受贈者に対して金銭の支払いを求めることです。このようにみますと，遺産分割協議の申入れに，遺留分減殺請求権の意思表示が含まれることを認める判例は，遺留分減殺請求が遺産分割請求の意味を持つということを理由としている限りでは，遺留分侵害額請求には当てはまりません。もっとも，上述①の遺留分減殺請求権の意思表示は黙示でもよい，という点については，遺留分侵害額請求にもそのまま当てはまります。つまり，今回の調停では，遺産分割調停の申立てに，遺留分侵害額請求権行使の黙示の意思表示が含まれていたとみられれば，消滅時効が成立していないということになります。

　ところで，今回の調停では，Bは，Xの遺言の有効性を認めています。事案を変えてBが遺言は無効であると主張していた

場合はどうでしょうか。たとえば，Ｂは，Ｘが高齢で判断能力を欠き，遺言能力のない状態で遺言書を作成したので，遺言は無効である（民963条)，などと主張したとします。この場合には，Ｂは遺言によって遺留分が侵害されていることはない，ということを前提にしていますので，遺留分侵害額請求権を行使する黙示の意思表示があったとみるのは困難です。上述の遺留分減殺請求権についての判例は，全財産の遺贈の効力を遺留分権利者が争わない場合，という限定をつけて，遺産分割協議の申入れに遺留分減殺の意思表示が含まれるという判断を示しています。つまり，同判例によると，遺贈の効力を遺留分権利者が争っている場合には，遺産分割協議の申入れに遺留分減殺の意思表示が含まれるとはいえない，ということになります。学説では，遺贈の無効を主張して遺産分割請求をするのは，遺贈の全部無効の主張であり，遺留分減殺請求は遺贈の一部無効を求めるものであり，大は小を兼ねるとして，遺贈の無効を主張した上での遺産分割請求に，遺留分減殺請求が含まれるとの見解が示されていました（前掲・高木221頁)。しかし，遺留分減殺請求と異なり，遺留分侵害額請求は，遺贈の一部無効を求めるものではなく，金銭債権の取得を求めるものです。ですから，遺贈の無効を主張している場合には，遺産分割請求に遺留分侵害額請求権が含まれるとみるのは難しいといえます。遺留分権利者が遺産分割において遺言の無効を主張している場合には，「たとえ遺言が有効であるとしても，遺留分侵害額請求権を行使します」というように主張しているのではなければ，遺留分侵害額請求権は時効により消滅するということになります。

（4） 調停進行のあり方

（ア）遺留分侵害額請求権の消滅時効について

令和5（2023）年10月10日にＢが遺産分割調停を申し立てた際に，

Bが遺留分侵害額請求を明らかに行使しているとはいえませんので，Aによる時効消滅の援用による反論は，基本的には正当です。ただし，Bは，遺産分割調停の過程で，遺留分侵害額請求権を行使していると主張しています。たしかに，遺産分割調停の申立て，および遺産分割調停の経過において，Bが黙示の遺留分侵害額請求の意思表示をしたと評価できる可能性があります。Bの黙示の意思表示の存否について，A・Bの双方の主張を確認しながら慎重に判断する必要があります。

（イ）遺留分の内容について

遺留分侵害額請求権が時効消滅していないという前提で議論が進む場合には，遺留分の内容が問題になります。Bは遺留分権利者ですが，相続法改正後の遺留分制度では，甲不動産について権利を行使することができないということ，Aに対して金銭の支払いを求めることができることを前提に，調停を進行します。Bが甲不動産の持分を取得したい，と主張する場合には，Aの同意を求める必要があります。逆にAが金銭の支払いよりも，甲不動産の持分をBに与える方が都合がよい，と考えている場合には，Bの同意を得る必要があります（民482条の代物弁済となります）。また，Aが遺留分侵害額の支払いを即時にすることができない場合には，Aが裁判所に期限の許与（民1047条5項）を求めることができるようになっているということを前提として（**注4**），A・B両者の利益に配慮した解決を図ることが求められます。

2　遺留分侵害額の争い

（1）事実関係

Xは，甲不動産（評価額：2,000万円）を子Aに与えるという内容の遺言書を作成し，その翌日に死亡した。Xの相続人は，子A，Bの二人である。Xが死亡時に残した財産は甲不動産のみであったが，死亡する5年前に，Xは，1,000万円の預金をAに贈与していた。Bは，A

を相手に遺留分に関する調停を申し立てた。Aは，Xが死亡するまでの10年間，Xの近所に住み，高齢で足の不自由なXのために，食事を作ったり，買い物をしたり，病院への車での送迎をするなどしてXの世話に尽くしていた。調停において，当事者から次のような主張がなされ，これに対する反論がある。調停委員としては，当事者の主張及び反論をどのように理解整理し，調停の進行を図るべきか。

（2） 当事者の主張及び反論

（ア）Bの主張

Xの遺言および生前贈与は，Bの遺留分を侵害している。遺留分侵害額は，XがAに対して遺言によって与えた甲不動産の評価額である2,000万円に，生前贈与された預金1,000万円を加算（**注5**）した3,000万円の額をもとに，遺留分1/2に応じた1,500万円のうち，法定相続分1/2に当たる750万円であり，同額の支払いをAに求める。

（イ）Aの主張

たしかに，Xから遺言によって甲不動産を与えられたが，1,000万円の預金の贈与は，Xを世話したことによるAの貢献に報いるためにXがしたものであるから，遺留分侵害額を算定する際には，控除すべきである。したがって，甲不動産の評価額である2,000万円のみに基づいて，Aは，遺留分1/2に応じた1,000万円のうち，法定相続分1/2に当たる500万円をBに支払えばよい。

（3） 考え方

結論：Bは，Xの遺言によってAが取得した甲不動産の評価額2,000万円に，生前贈与された預金1,000万円を加算した3,000万円をもとにして計算した遺留分侵害額である750万円の支払いをAに求めることができる，と考えるのが原則です（民1043条1項・同1044条3項）。

理由：遺留分を侵害する遺贈や生前贈与等（**注6**）がされた場合に，

受遺者や受贈者が，被相続人の介護や事業への協力などにより貢献した寄与分を，遺留分侵害額の算定において考慮するよう主張することがよくあります。今回の事案では，遺言による甲不動産の処分と生前贈与のうち，生前贈与は，被相続人 X が A の世話による寄与に報いる形でなされているため，これを遺留分算定の基礎となる財産から外し，甲不動産の評価額のみを基礎に遺留分を算定するべきである，と A が主張しています。たしかに，A の主張は，X の意思に合致している可能性がある上に，A の長年の世話による寄与が金銭的に報いられるという点でも，妥当な主張のように思われます。しかし，遺留分の事件において，寄与分を考慮した解決を図ることはできない，というのが先例の立場です。たとえば，2018 年相続法改正前の遺留分減殺請求の事案では，遺留分減殺請求訴訟において，寄与分に関する主張をすることができない，との判断が示されています（東京高判平成 3 年 7 月 30 日判時 1400 号 26 頁 (注 7)）。この先例は，改正後の遺留分侵害額にも妥当するとみられます。

　なぜ，寄与分を遺留分侵害額の算定で考慮できないかですが，第 1 に，寄与分は，条文の上で，遺留分を算定する基礎となる財産において考慮するべきとは明記されていないことがあります（民 1043 条 1 項）。これに対して，特別受益は，遺留分侵害額の算定で考慮されることが明記されています（民 1044 条 3 項，同 1046 条 2 項 2 号）したがって，寄与分については，特別受益とは異なり，遺留分侵害額の算定で考慮できないことが明らかです（前掲・堂薗＝野口 144，146 頁）。第 2 に，寄与分の額は，協議または家庭裁判所の審判で定めることとされていて（家事 39 条別表 2―14），異なる手続である遺留分侵害額の訴訟で定めることはできないという手続上の理由があります。このように，遺留分と寄与分は本来，別の手続で定められることとされています。しかし，調停では，当事者が望んでいる場合には，

寄与分を考慮して遺留分侵害額を算定するのが望ましい場合も
あります。もっとも，今回の事案では，生前贈与について寄与
分を考慮するよう A が主張していますが，寄与分は，本来残さ
れた遺産を分割する際に考慮されるべきものです。

　したがって，A の寄与の主張について，寄与分ではなく A の
財産法上の請求権として遺留分侵害額の算定において考慮する
ことが考えられます。たとえば，A は，X との契約に基づい
て，寄与への報酬として金銭債権を取得しているとし，1,000 万
円の預金が A に与えられたのは，A への贈与（民 1043 条 1 項・
同 1044 条 3 項）ではなく，債権の弁済であるとして，遺留分算定
の基礎となる財産に贈与の額を加算しないという考え方があり
得ます（二宮周平『家族法（第 5 版）』〔新世社・2019〕394 頁）。

（4）　調停進行のあり方

　まず，遺留分侵害額の算定において，寄与分は考慮されないのが原
則ですが，調停では当事者の合意により寄与分の主張を考慮した遺留
分侵害額の算定が可能であることを確認しておく必要があります。そ
の上で，A が寄与に対して報いられるべきであると主張していること
について，たとえば A が X との契約に基づいて財産法上の請求権を
有しているとの主張とみられるか否かについて，当事者の意思を慎重
に確認しながら，調停を進めていくことになります。

3　遺産について遺産分割協議が成立している場合の遺留分侵害額の算定方法

（1）　事実関係

　令和 5（2023）年 1 月 3 日に X が死亡した。遺産は所有する甲不動産
（評価額：600 万円），乙不動産（評価額：1,400 万円）および 200 万円の預金
債権であった。X の相続人は，妻 A，長女 B，長男 C である。X は，

乙不動産をBに与えるという内容の自筆証書遺言を残していた。また，Xは，令和4（2022）年8月3日に，当時所有していた丙不動産（評価額：800万円）を第三者Dに贈与していた。Xの死後，A・B・Cの遺産分割協議が成立した。それによると，甲不動産および預金債権をAが取得することとされていた。AはBに対して遺留分侵害額請求権の意思表示をし，金銭の支払いを求めたが，Bが遺留分侵害額について争うので，AはBを相手方として遺留分の調停を申し立てた。調停委員としては，当事者の主張及び反論をどのように理解整理し，調停の進行を図るべきか。

（2） 当事者の主張及び反論

（ア）Aの主張

Bは，遺留分を侵害する処分により乙不動産を取得している。Aの遺留分侵害額は217万円であり，同額をBがAに支払うべきである。

（イ）Bの反論

遺留分侵害額の算定においては，遺産分割協議の結果を考慮するべきである。Aは遺産分割協議により，甲不動産（評価額：600万円），と200万円の預金債権を取得している。Aが遺留分として確保できる額は750万円であるところ，遺産分割協議によりこれ以上の額を確保している。したがって，Aの遺留分は侵害されておらず，Aは遺留分侵害額請求権を行使することはできない。

（3） 考え方

結論：Aは，Bに対して，217万円の遺留分侵害額請求権を行使することができます。

理由：Aは，遺留分権利者として，Xの財産（これにはXによる一定の生前贈与も含まれます）の最低限の割合に相当する金銭債権を保障されています。Aが確保できる最低限の割合の金銭債権の額を，個別的遺留分額といいます。今回の事例では，Aの個別的遺留

分額は，750万円となります（**注8**）。

　もっとも，Aが，遺留分を侵害する処分によって利益を受けたB（**注9**）に対して，750万円の全額の支払いを請求できるというわけではありません。A自身が遺産分割によっていくらか確保できる場合には，その額は，750万円から控除されます。個別的遺留分額のうち，Aが実際に請求できる額のことを遺留分侵害額といいます。

　遺留分侵害額は，次のように算定されます。

遺留分侵害額＝個別的遺留分額－遺留分権利者が得た特別受益の額(1046条2項1号)－特別受益を考慮した具体的相続分に基づいて取得すべき額(同項2号)（**注10**）

　Aの遺留分侵害額を算定するには，まず，個別的遺留分額である750万円から，Aが得た特別受益の額を控除します。特別受益となるのは，XからAにされた遺贈や生前贈与等ですが，今回の事例では，このような遺贈や生前贈与等はされていません。次に，Xが遺言により処分した財産以外に財産を残していれば，遺産分割においてAが取得することのできる財産の額も，個別的遺留分額から控除されます。その際に，遺産分割においてAが取得することのできる額は，特別受益を考慮した具体的相続分に基づいて算定することになっています(民1046条2項2号)。今回の事例では，甲不動産（600万円）と200万円の預金債権が残されており，これらの合計である800万円の額の遺産から，特別受益を考慮した具体的相続分に応じてAが取得できる額は，533万円となります（**注11**）。

　したがって，Aの遺留分侵害額は，個別的遺留分額の750万円から533万円を引いた，217万円ということになります。で

すから，Aの主張は，民法の遺留分侵害額の算定方法にしたがった正当な主張ということになります。

　もっとも，Aは，実際に行われた遺産分割協議によって，計算上取得することのできる533万円より多く，合計800万円の財産を取得しています。これは，Aの個別的遺留分額である750万円を超える額ですから，Aは遺留分を侵害されていない，とするBの反論にも一理あります。平成30（2018）年相続法改正前には，遺産分割の結果を遺留分の算定において考慮するべきかどうかについては，考え方が分かれていました。現行法は，個別的遺留分額から控除するのは，Aが特別受益を考慮した具体的相続分に応じて「取得すべき遺産の価額」（1046条2項2号）としていますので，実際の遺産分割の結果を考慮しないことが明らかにされています（前掲・堂薗＝野口143-144頁）。これは，遺留分侵害額が，個別の遺産分割の結果によって左右されるのであれば，遺留分権利者への遺留分の保障が不安定になってしまう，ということを理由としています（**注12**）。

　したがって，Bが遺産分割協議の結果Aが取得する財産に加えて，遺留分侵害額請求権を主張するのは，Aが自身に保障された個別的遺留分額を超えて請求するものである，と考えてAに反論するのは難しいということになります。遺産分割の結果を考慮して遺留分侵害額を算定するべきである，との主張は，現行法による遺留分侵害額の算定方法に反するため，受け入れにくいといえます。

　しかし，A・B・Cが，遺産分割協議をした際に，遺留分のことを考慮していた場合には，Bは協議における遺留分についての取決めに基づいた主張をすることが考えられます。たとえば，Aが，遺言によって処分された乙不動産以外の遺産を全て取得する，という協議がされたのは，Aが遺留分を主張しないということを前提にしていたとみられる可能性があります。遺

留分は，被相続人が死亡する前には，自由に放棄することはできませんが（民1049条1項），被相続人が死亡した後には，当事者の合意により放棄することができると考えられています。もしも，Aが遺留分を放棄することについてBとの間で合意があり，その上で，残りの遺産をAが全て取得する遺産分割協議が成立したのであれば，Aがさらに遺留分侵害額請求権をBに対して行使するのは，合意に反するので認められない，ということになります。

（**4**）調停進行のあり方

　改正後の相続法によると，遺留分侵害額を算定する際には，実際に行われた遺産分割の結果が考慮されないということが明らかです。ですから，遺留分侵害額の算定については，当事者間に争いがある場合には，遺産分割の結果を考慮することは基本的にはできないということが前提となります。ただし，遺産分割協議において，個別的遺留分額を超える額をAが取得することとされた際に，Aが遺留分を放棄することをBと合意していた場合には，この合意をもとに，Aは遺留分侵害額請求権を持たないということをBが主張することが考えられます。遺産分割協議における当事者の合意の内容を慎重に確認しながら調停を進める必要があります。

注 釈 annotation

（注1）

annotation

遺留分制度の意義

　遺留分を侵害するような財産処分も有効ですが，遺留分権利者は遺留分侵害額請求権を行使することによって一定割合の金銭債権を

取得することができます。

　遺留分権利者は，兄弟姉妹を除く法定相続人，つまり被相続人の配偶者，子および代襲相続人，直系尊属です。事例では被相続人の子Ａ，Ｂが遺留分権利者となります（民1042条1項）。

　保障される遺留分の割合は，法定相続分の1／2ですが，直系尊属のみが遺留分権利者の場合は法定相続分の1／3となっています（民1042条1項1号）。事例では，遺留分権利者であるＢの遺留分の額（個別的遺留分の額）は，甲不動産の価額3,000万円の1／4（法定相続分1／2×遺留分割合1／2）である750万円ということになります。

（注2）　　　　　　　　　　　　　　　　　　　　　　annotation

　遺留分を侵害する遺言は，本件では，遺産中の甲不動産を子Ａに与えるという内容の遺言です。これを，Ａへの遺贈とみることもできますが，Ａは相続人ですので，遺産分割の方法として甲不動産をＡに相続させる旨の遺言，つまり特定財産承継遺言（民1046条1項）であるとみるのが一般的です。

（注3）　　　　　　　　　　　　　　　　　　　　　　annotation

遺産分割事件と遺留分侵害額請求事件の手続

　遺産分割は，相続が開始した後，共同相続人間で共有された遺産を，各相続人に分割すること，つまり遺産の最終的な帰属を定めることであり，協議または調停によって行うこともできますが，最終的には家庭裁判所の審判により判断されます（家事別表2―12）。これに対して，遺留分侵害額請求は，遺留分を侵害する遺贈等の処分がされた場合において，相続が開始した後に，受遺者等に対する意思表示によって一定額の金銭債権を発生させるものであり，裁判外で

も請求することができますが，裁判で争う場合には，地方裁判所において一般の民事訴訟で争われます。

　今回の事案では，Bは遺産分割調停を申し立てていますが，唯一の財産である甲不動産をAに与える遺言が有効である以上は，分割すべき遺産は存在しないこととなりますので，Bは，本来は遺留分に関する調停を申し立てるべきではなかったか，ということが問題になります。

（注4）　　　　　　　　　　　　　　　　　　　annotation

　期限の許与の制度は，2018年相続法改正により導入された新しい制度です。これまでの遺留分減殺請求権は，遺贈や贈与の効力を否定する意味を持ち，遺留分権利者が持分を取得するという効果を発生させ，必ずしも金銭を支払う必要を生じさせるものではありませんでした。しかし，改正後の遺留分侵害額請求権は，その行使により，常に金銭債権を発生させるので，請求を受けた相手方が，すぐに金銭を用意することができない場合には，資金を捻出するために土地の売却を迫られるなど酷な状況が生じ得ることになります。そこで，期限の許与の制度（民1047条5項）が設けられました。これによると，受遺者または受贈者の請求によって，裁判所は，金銭債務の全部または一部の支払いにつき，相当の期限を許与することができます。

　裁判所がどのような場合に，期限の許与を認めるかについては，具体的には規定されていませんが，たとえば，遺留分を侵害する遺贈や贈与を受けた者が，遺留分侵害額の支払いのために，居住している不動産を売却しなければならない場合，被相続人から承継した事業用の財産の売却を迫られ事業の継続が困難になる場合などが挙げられます。

　遺留分侵害額を算定するための基礎となる財産の額は，相続開始時の遺産の額ですが，これには遺贈の額が含まれ，さらに被相続人が生前になした一定の贈与も基礎となる財産に加算されます（民1043条1項）。加算される生前贈与は，原則として相続開始前1年内になされた生前贈与ですが（民1044条1項），相続人に対してなされた生前贈与は，10年内になされたものまでが加算されることになっています（民1044条3項）。さらに，贈与者と受贈者の双方に害意のある贈与は，期間制限なく算入されることとなっています（1044条1項後段）。2018年相続法改正前の規定は，相続開始前1年内の生前贈与のみが加算されるとされ，判例により相続人に対する生前贈与は1年より前のものでも加算されうるとされていました（最判平成10年3月24日民集52巻2号433頁）。改正により，相続人に対する生前贈与は，相続開始前10年内になされたもののみが加算されることが明示され，加算される贈与の期間についての基準が明確になりました。

　遺留分の算定の基礎財産には，遺留分を侵害する遺贈や贈与の対象とされた財産の他に，特定財産承継遺言（民1047条1項）によって処分された財産が含まれます。今回の事案では，Xは，Aに甲不動産を与える遺言をしています。Aのような相続人に遺産中の特定の財産を与えるという内容の遺言は，「相続させる旨の遺言」といわれ，遺贈とみる特段の事情がない限り，遺産分割方法の指定と解されます（最判平成3年4月19日民集45巻4号477頁）。このような遺言は，2018年相続法改正により，「特定財産承継遺言」として明文化されました。

東京高判平成3年7月30日判時1400号26頁　　遺留分を侵害する遺贈について，受遺者が，被相続人の稼業を手伝っていたことから，当該遺贈の少なくとも6割は，受遺者の寄与に報いる趣旨でなされたものであるから，この部分については遺留分減殺請求権を行使し得ない，と主張したのに対して，同判決は，寄与分は，共同相続人間の協議または審判で定められるものであり，遺留分減殺請求訴訟において抗弁として主張することは許されない，との判断を示しました。

個別的遺留分額の算定方法は以下のようになっています。

個別的遺留分額＝遺留分算定の基礎財産（民1043条・1044条）×
　　　　　　　　総体的遺留分（民1042条1項）×法定相続分率
　　　　　　　　（同条2項）

今回の事例では，総体的遺留分は1/2で（民1042条1項2号），Aの法定相続分率は1/2です（民900条1号）。

また，遺留分算定の基礎財産には，遺産である甲不動産（評価額：600万円），乙不動産（評価額：1,400万円。Bに取得させるとする遺言あり），200万円の預金債権の他，Dに生前贈与された丙不動産（評価額：800万円）が含まれます（民1043条）。被相続人による生前贈与は，全てが遺留分算定の基礎財産に加算されるわけではないのですが，Dのような第三者に対する生前贈与の場合，相続開始前1年内になされたものだけが加算されるようになっています（民1044条1項）。今回の事案では，Dへの生前贈与は，相続開始前1年内になされていますので，加算されます。

$$遺留分算定の基礎財産＝600万円＋1,400万円＋200万円＋800万$$
$$円＝3,000万円$$

$$Aの個別的遺留分額＝3,000万円×1／2×1／2＝750万円$$

　したがいまして，Aの個別的遺留分額は750万円となります。

　なお，Cの個別的遺留分額は，Aの個別的遺留分の半額である375万円です。もっとも，遺留分侵害額請求権を行使するかどうかは，遺留分権利者本人の意思に任されています。ここでは，Cは遺留分侵害額請求権を行使せず，Aのみが行使しています。

（注9）	annotation

　遺留分を侵害する処分によりBが乙不動産を取得しています。この処分を遺贈とみることができないわけではありませんが，Bは相続人ですので，一般的には，遺産分割方法の指定として，Bに遺産中の特定の財産である丙を相続させる旨の遺言，つまり特定財産承継遺言による処分であるとみることができます（最判平成3年4月19日民集45巻4号477頁）。受遺者に対してだけではなく，特定財産承継遺言によって財産を取得した相続人にも，遺留分侵害額請求権を行使できることが明示されています（民1046条1項）。ところで，Bは遺留分を侵害する特定財産承継遺言により乙を取得していますが，Dも，遺留分を侵害する生前贈与により丙不動産を取得しています。遺留分権利者が遺留分侵害額請求をすることのできる相手方が複数いる場合には，以下のように順位づけがあります。

　受遺者と受贈者がいるときは，受遺者が先に遺留分侵害額を負担することになっています（民1047条1項1号）。特定財産承継遺言によって財産を取得した者は受遺者と同様の扱いを受けますので（民1047条1項），Aがまず遺留分侵害額請求権を行使する相手方は，受

贈者であるＤではなく，Ｂということになります。今回の事例では，特定財産承継遺言によって財産を取得したのはＢのみですが，複数の者に財産を与える遺言がされていた場合には，その価額に応じて，遺留分侵害額を負担することになっています（民1047条1項2号）。

（注10）   annotation

Ｘが債務を残して死亡した場合には，遺留分権利者が相続によって負担する債務の額を加算して遺留分侵害額を算定することとなっています（民1046条2項3号）。

（注11）   annotation

遺留分侵害額の算定において，個別的遺留分額から控除される，特別受益を考慮した具体的相続分によって取得すべき遺産の額（1046条2項2号）は，次のように算定されます。

特別受益を考慮した具体的相続分の算定方法（民903条）
①みなし相続財産の算定
600万円（甲不動産）＋200万円（預金債権）＋1,400万円（乙不動産）
＝2200万円

②Ｂの特別受益（1,400万円）を考慮してＡ・Ｂ・Ｃが取得すべき財産
Ａ：2200万円×1／2＝1100万円
Ｂ：2200万円×1／4－1,400万円＝－850万円
Ｃ：2200万円×1／4＝550万円

③A・B・Cの具体的相続分

B：0

Bが遺贈により取得する1,400万円を除く800万円（甲不動産の額と預金債権の額の合計額）を，A・Cがどのように分けるべきかについては，色々な考え方がありますが，最も一般的なのは，②でA・Cが取得すべきとされた財産の額に応じて分ける方法です。

つまり，A・Cは，800万円を1,100万円：550万円，2：1で分けます。

したがって，A・Bの具体的相続分は以下のようになります。

A：約533万円

B：約267万円

　今回の事例では，遺贈された乙不動産の他には，甲不動産（600万円）と200万円の預金債権が残されており，これらの合計800万円の額の遺産から，特別受益を考慮した具体的相続分によって，Aが取得できる額は，533万円となります。

（注12） annotation

　今回の事例では，遺留分侵害額を請求しているのはAのみですが，Cも遺留分権利者であり，Xの処分によりCの遺留分も侵害されています。Cの個別的遺留分額は375万円ですが，特別受益を考慮した具体的相続分に応じてCが取得すべき財産の額は，267万円です。したがって，375万円から267万円を控除した108万円が，Cの遺留分侵害額です。もっとも，Cは遺産分割において267万円を計算上取得すべきこととされているものの，実際には遺産分割協議の結果，Cは何も取得しないこととなっています。そこで，個別的遺留分額である375万円を，遺留分侵害額としてCがBに主張

できるかが問題となります。ここでも，遺留分侵害額の算定におい
て，遺産分割の結果を考慮しない，とされていることから，Cは108
万円についてのみ遺留分侵害額請求権を行使することができるとい
うことになります。

11

相続法改正を中心とした遺産分割紛争調停のあり方

鈴木裕一

1　調停期日の不出頭当事者への出頭勧告と意向調査の実務

主張：相手方相続人は，被相続人の子の子どもらですが，被相続人の
葬儀にも参列しませんでした。遺産分割の話し合いをしようと
連絡したのですが，何の返事もありません。彼らの考えが分か
れば話し合いもできると思うのですが。そこで仕方なく，遺産
分割の調停を申し立てたのですが，やはり出席してくれませ
ん。調停での話し合いに出席してほしいし，考え方も知りたい
です。どうしたら良いでしょうか。

（1）　不出頭当事者に対する家庭裁判所の対応

　調停期日に出頭せず調停の進行に非協力的な当事者に対して，調停
を円滑に進行させるために家庭裁判所調査官（以下，「調査官」という）に
よる事実の調査として出頭勧告・意向調査が行われます。

　出頭勧告・意向調査は，調停期日に出頭しないため紛争解決に対す
る意向が不明な当事者に対して，家庭裁判所に配置されている調査官
が期日出席及び紛争解決に対する意向を調査し，家事調停についての
適切な説明を行うとともに，調停参加の必要性及び有益性等の理解を
得るよう働きかけて，出頭の確保と調停への円滑な導入を図ることを

目的として行われます。

　当事者の不出頭の理由は，被相続人との過去の人間関係に葛藤があったり，生活関係が疎遠であったり，事前の遺産分割協議への不満，他の相続人との感情的対立，遺産相続そのものへの無関心，高齢や疾病，遠隔地居住のための出頭困難，家庭裁判所の調停への無理解等様々であり，不出頭当事者に調停に出席してもらうためには，このような不出頭当事者の事情を把握して，それに応じて丁寧に勧告及び意向調査をすることが重要です。そのため通常は，調査官は調停期日に出席して情報収集した上で出頭勧告・意向調査を受命することになります。その場合の調停期日出席は，不出頭当事者の存在が想定されて，あらかじめ調停期日出席命令を受命して期日出席をする場合と，調停期日当日に調停委員会の要請により急遽，立会当番調査官が期日出席する場合があります。立会当番調査官が期日に出席して，出頭勧告等の調査命令が発出された場合は，担当調査官が別の調査官になることがあります。

（2）　遺産分割調停事件における出頭勧告・意向調査の具体的方法

　通常，実際の勧告は調査官作成の「出頭勧告書」を不出頭当事者に送付することから始まります。「出頭勧告書」の基本的な文章構成としては，調停は当事者の話し合いで紛争を解決する手続であること，家庭裁判所の調停委員会が公正中立な立場で話し合いを進め，申立人の主張に沿って進められるものではないこと，不出頭の当事者がいると話し合い（調停）による解決ができないことなどを説明し，遺産分割に対する意向を出頭して述べてもらいたい旨を記載します（後記，例文参照）。

　また，この「出頭勧告書」には別紙として「照会書（回答書）」を同封し，次回調停期日前に回答を求めます。照会事項は①次回期日への出頭の有無，②不出頭の場合はその理由，③遺産分割に対する意向（遺言の有無，相続人の範囲，分割対象財産の確認，寄与分・特別受益の主張の有無，具体的な取得希望），④調停の進行に対する意向などです。そして，直接

調査官との面接の希望の有無と希望があれば遠慮なく申し出てもらいたいことも記載します。なお，不出頭当事者が調査官に直接意向を述べたいが病気等の事情で裁判所への出頭が困難な場合等には，家庭訪問による意向調査を行うことがあります。

　不出頭当事者との電話による意向聴取や直接面接する可能性があることから，不出頭当事者の生活状況，被相続人との人間関係及び相続人間の人間関係やこれまでの遺産分割協議の実情及び調停の進行状況等について，担当調査官と調停期日に出席した当事者及び調停委員会とで情報共有しておくことが重要です。

（3）　調査官による出頭勧告書の例文

御連絡

　令和○年（家イ）第○○○号遺産分割調停事件について御連絡いたします。

　被相続人○○○○さんの遺産分割について，相続人○○○○さんから調停の申立てがあましたことは，過日送付いたしました書記官からの書面でご承知のことと存じます。令和○年○月○○日に第○回調停期日が開かれましたが，あなたは出席されませんでした。あなたに調停期日に出席していただき，遺産分割に対するお考えを述べていただきたく，担当裁判官から出頭勧告・意向調査の調査命令が発出され，当職が担当することになりました。

　調停は，申立人の主張に沿って行われるものではなく，家庭裁判所の調停委員会が公正中立な立場から，各当事者のご主張を聴取し，それぞれのご主張を調整して話し合いで解決を図るものです。調停に応じていただけない当事者の方がいらっしゃると話し合いでの解決ができません。○○さんにも被相続人の遺産分割について様々なお気持ちやお考えがおありのことと存じますので，調停に出席されてお考えを述べていただきたいと思います。次回調停期日が令和○年○月○日午前10時と指定されていることは書記官からの書面でご存知のことと

思います。

　ついては，次回調停期日への出欠等について同封しました照会書（回答書）にご記入の上，令和○年○月○○日までに返送いただくか，当職宛に電話連絡をいただきたいと思います。また，照会書（回答書）において，遺産分割に対するお考えをご記入していただきたいと思います。

　なお，当職が直接お会いしてお話をお聞きすることもできますので，ご希望がありましたら遠慮なくその旨を当職までご連絡ください。ご不明の点があれば当職までご連絡ください。

2　調整活動の実務

事案例

主張：調停期日を数回重ねていますが，相手方の一人（末弟）が被相続人の厳しいしつけや，他の相続人（兄姉）からいじめを受けたこと，兄姉らは被相続人から経済的にも優遇されていたなどと，「被相続人から不公平に扱われた。相続人らにも恨みがある」と毎回感情的に述べて，遺産をすべて相続する権利があると主張することから，遺産分割の調停（話し合い）が進展しません。
どうしたら良いでしょうか。

（1）　調査官が行う調整活動

　当事者が，何らかの理由で理性的に調停等の家庭裁判所の手続に参加できないときに，調査官がその専門的な面接技法による面接調査を行って，当事者が理性的に調停等の手続に参加するように働きかける「調整活動」という調査を行うことがあります。

　家事事件手続法においては，家庭裁判所は事件の関係人の家庭環境その他の環境の調整を行うために必要があると認められるときは，調

査官に社会福祉機関との連絡その他の措置を取らせることができる（家事事件手続59条3項・258条1項）とされています。

　この調整のための活動を総称して「調整活動」といいます。調整活動には，①社会福祉機関との連絡調整，②助言援助活動，③心理的調整といった類型があります。①は子の監護状況，当事者の生活状況，あるいは精神状態等に問題があるため緊急に関係機関（福祉事務所，母子寮，児童相談所等）との連絡調整その他の措置をとる必要がある場合に行われます。②は精神的に問題を抱える当事者や家族に対して，専門の機関を紹介したり，自発的な保護や援助を求めるよう助言をします。また，飲酒，浪費に問題がある場合には生活指導的な助言援助を行います。③は情緒の混乱や心理的葛藤の著しい当事者に対し，家庭裁判所の手続に主体的，積極的に臨むよう当事者を動機付け，緊張を緩和させ，葛藤を鎮静化させる等して，理性的に問題解決を図る状態になるよう働きかけることを目的とします。

　遺産分割紛争の場合，相続開始までの長年の親族間の人間関係の葛藤や被相続人との対立を背景にした紛争があったり，遺産相続に対する嫌悪感や法律的な知識不足等を原因として，調停場面で自身の考えに固執したり，他の当事者に対して感情的な主張を繰り返したり，法律に沿わない主張を繰り返す当事者が存在することがあります。遺産分割調停は当事者の人数が多いこともあって実際の調停場面ではそのような当事者の主張を時間をかけて聴取し，調整することが困難である場合があり，調査官が調整活動という形で，面接調査を行って感情の整理や主張の問題点を整理して，円滑に調停に参加できるように当事者を援助することがあります。

（2）　調整活動の事例

　（ア）遺産総額の5割に当たる寄与分を強硬に主張した当事者（以下，「長男」という）と弟妹5人が，長男の療養看護の寄与分主張で鋭く対立している事案がありました。長男とその配偶者は，被相続人（母）

の療養看護を 10 年以上行っていたのですが，その余の当事者たちも
その実績を認めて寄与分は 2 割程度を認めています。遺産の総額から
して 5 割の寄与分は過大な主張だったわけですが，長男は社会人とし
て成功した人で調停場面の発言も礼儀正しく，寄与分主張以外は冷静
な主張をしていました。そのため寄与分 5 割の主張にこだわる理由が
判然としませんでした。そこで，寄与分調査ではなくまずは長男の意
向調査をすることになりました。長い時間をかけて被相続人との関
係，他の当事者との関係を聴取しました。面接の終盤で，長男は涙な
がらに，「母はずるい。私と妻には介護してくれてありがとうと言って
いたのに，他の当事者（妹弟）には私や妻の介護についてひどい文句を
言っていたのです」と述べたのでした。さらに「周囲の人からは母の
介護をよくやっている。立派な長男だと褒められることもあったので
すが，母の態度を知っていたので複雑な思いを何年も抱いていまし
た。立派な長男を演じるのは辛かったです。また，妻にも多大な迷惑
をかけて心苦しかったです。そして，母の態度が忘れられず悔しさが
募ったことと，母の介護を私たち夫婦に任せきりの妹弟らにも腹立た
しい思いがありました。そのようなことから遺産の半分くらいはも
らって当然と主張しました」と述べた。そのうえで，「このことは誰に
も言わず，一人で抱えてきたが，今日話を聞いてもらい胸に秘めてい
た怒りが消えた感じがします」と述べて，他の当事者が主張する寄与
分割合で了解すると主張しました。

　（イ）遺産総額の大部分を被相続人（母）と末娘が生活していた住居
不動産（戸建て一棟）が占めている事案で，末娘とその兄姉（三人）が当
事者でした。最も年長の申立人長兄は 75 歳を超えており，相続開始か
ら数年が経っていたことから早期の遺産分割を望んでいました。しか
し，末娘は独身でうつ病を患っていることが疑われ，アルバイト程度
の仕事しかできず，遺産分割によって住んでいる遺産不動産から出て
いかなくてはならないことに不安を募らせ，遺産分割そのものに反対
していました。また，末娘は被相続人と同居時に療養看護をしたとし

て寄与分主張をすることで遺産不動産の取得を希望していましたが，被相続人の年金等の収入で生活していた事実があり，他の相続人から反対の主張がなされていました。それらの事情により，末娘は調停期日の度に精神的な不調を訴え，発言も少なく，調停の進行に支障が出ている状況でした。そこで，調停期日だけでは末娘に対して調停の進行や，分割上の問題点などについての十分な説明ができず，末娘の精神面に対するフォローも必要ということで調査官に調停期日出席と調整活動の命令が出され，期日間の調査を複数回行いました。結局，この事例では期日間に末娘の不安感情をフォローする面接を行うとともに，末娘の今後の生活を安定させるため社会福祉機関と連絡を取ったり，医療機関受診を指導しました。なお，期日出席の際にはその余の当事者に対して，末娘の現状を報告してきょうだい間の協力扶助の必要性を助言しました。兄姉らは，遺産分割とは別に親族間の扶養の問題として末娘に対して経済的な援助を行う意向を示したこと，遺産不動産からの退去期限に配慮をしたことなどから，遺産分割調停の解決が前進しました。

3　家庭裁判所が行う履行勧告の実務

　3か月前に家庭裁判所で，亡父を被相続人，長男と次男を相続人とする遺産分割調停事件が成立しました。

　長男が被相続人の自宅不動産を取得し，その代償金として次男に500万円を○月○○日を期限に，指定された次男名義の銀行口座に振り込んで支払うことになっていますが，○月△△日現在入金がありません。どのようにしたら良いでしょうか。

（1） 家庭裁判所の履行勧告

　家庭裁判所の審判や調停で定められた債務の履行（支払い等）が期限までに無かったときに，権利者が家庭裁判所に申出ることで，調査官が義務者に履行を勧告する履行勧告という手続があります。家事債務は親族間の債務関係であったり，一般に養育費や婚姻費用に関する金銭の支払い義務で，低額かつ少額の分割払いを内容とするものが多く，強制執行の場合は手続の煩雑さや費用負担の重さなどの問題があり，強制執行をすることが適当でないとか困難な場合が少なくありません。履行勧告はこのような欠点を是正するために昭和40年に新設された手続です。履行勧告の具体的な手続は，権利者が家庭裁判所に申出ることによって，義務者の家事債務の履行状況を調査し，義務者に対しその履行を勧告するものです（家事289条1項・7項）。申出については，その方法に定めはなく，一般則である民事訴訟法規則1条に従って口頭（電話），書面のいずれの方法で良いとされています。申出には費用はかかりません。履行状況の調査とは，調停等で定められた義務が履行されていないとすればどのような理由があるのかなどを調べることです。履行の勧告とは，正当な事由がなく義務を履行しない者に，その義務を履行するように助言や指導を行って，その履行を促すことです。家庭裁判所は調査及び勧告を調査官にさせることができるとされています（同法289条3項）。さらに，必要があれば事件関係人の家庭環境その他の環境の調整を行うために必要があると認めるときは，調査官に社会福祉機関との連絡その他の措置を取らせることができるとされています（同法289条4項）。

　なお，「担保物件及び民事執行制度の一部を改正する法律」（平成15年8月1日交付・法律134号）により，少額定期給付債務の履行確保について，弁済期到来前の差し押さえが許容されることになりました（予備的差押え）。これにより，養育費や婚姻費用等の将来分について差し押さえができるようになり，遅滞分についての強制執行を繰り返す必要がなくなったこと，費用負担の問題も改善され，強制執行の利便性，

実効性が向上しました。ただし，義務者の給与を差し押さえることは義務者の失職や転職を招く恐れなどの問題があることなど，両手続の特徴を十分に理解した上で利用することが重要です。

　また，履行勧告は，事実上の行為であって裁判ではなく，手続上も実態上も法律上の効果を生じることはないとされています。つまり，履行勧告に従わなかったとしても，新たな法律関係が生じることはないということで，履行勧告には限界があるということは事実ですが，金銭はもちろん金銭以外の面会交流や子の引渡しについても勧告することができ，簡便な申出により勧告をすることで，履行されることはもちろん，不履行の事情が明らかになったり，一部履行が実現したり，新たな調停の申し立てがなされるなど，親族間の紛争の解決に効果があることも事実です。

　履行勧告の申出のほとんどは，婚姻費用や養育費に関するものです。遺産分割事件に関係するものは少なく，さらにその大部分は代償金の支払い遅滞に関するものですが，金銭の支払い以外では，遺産不動産からの退去（明渡し），遺産とされた家財等の財産の引渡しがあります。変わったところでは，遺産分割事件と同時に解決した祭祀財産の承継者の指定事件の「遺骨」の引渡しの履行勧告の事例があり，当事者が直接顔を合わせたくないということで，担当調査官が直接仲介して引渡しが実現しました。

（2）　調査官の履行勧告の実務

　金銭債務の場合は申し出られた遅滞金額と履行義務の事実を事件記録などで確認し，支払期限を定めて「履行勧告書」を作成し義務者に送付します。併せて権利者に対して，履行期限と勧告金額を記載した履行勧告書を義務者に送付した旨を記載した「連絡書」を送付するのが通常です。このように最初の勧告は義務者の住所地に「勧告書」を送付するのが通常ですので，義務者の住所を権利者において把握していることが必要です。調査官が義務者の住所を探し出すことはありま

せん。調停成立等の債務名義が確定してから年月を経ていて何等の交流がない場合には，戸籍の附票等で確認する必要があるでしょう。

設定した履行期限までに支払われれば当然終了となりますが，全額不履行や一部履行の場合には，権利者の意向によって再度の勧告をする場合があります。その場合は，権利者の意向を確認した上で，支払期限を定めて再度の「勧告書」を送付するか電話で勧告します。書面で勧告する場合は，権利者の意向（たとえば，今回（2回目）の勧告で履行されない場合は強制執行に踏み切る等）を記載して履行を求めることがあります。

出頭勧告と同様に履行勧告においても，義務者が支払わない，あるいは支払えない事情の把握は重要です。養育費や婚姻費用の場合には，調停成立や審判後に失職したり転職による収入の減少や，過去の夫婦関係の感情的対立から履行がなされないことがありますが，遺産分割の場合には，金策が上手くいかないとか，稀には代償金の支払い能力が不足していた場合などがあります。履行勧告においては，調停条項を大きく変更するような調整はできないので，すぐに支払えないような場合には義務者に対して，権利者に事情をきちんと説明するように指導したり，調停の申立てを促すことがあります。ただし，遺産分割事件では，義務者も何らかの財産的価値を取得していると考えられることや，金額が大きく，支払回数が少ないことなどから，履行勧告は1回で終了することが多いと思われます。

なお，調査官が関与する家庭裁判所の履行確保の方法として「履行命令」という手続があります。これは，家庭裁判所の調停または審判によって定められた金銭その他の財産上の給付を目的とする義務の履行を怠った者に，相当と認めるときは，権利者の申立てにより，義務者に対し，相当の期限を定めてその義務の履行をすべきことを命ずる審判をすることができる（家事290条）とされています。義務者に義務の履行を命ずるには，義務者の陳述を聴かなければならないとされていて，審判あるいは調査官の調査での陳述聴取が行われます。義務者が正当な事由がなくその命令に従わないときは，10万円以下の過料に

処するとされています。履行勧告と同様に，書面または口頭で申立てができますが，申立てには印紙代などの所定の費用が必要です。

履行勧告・履行命令の合計件数は令和 2 年で 1 万 2472 件，履行命令件数はその内 45 件でした（司法統計年報）。履行命令の利用が少ないのは，履行命令をしてもなお不履行である場合は過料の制裁がありますが，過料が不履行分に充当されるわけではなく，権利者にとってメリットが少ないことが考えられます。特に遺産分割の代償金の場合には強制執行の手続が選好されやすいといえます。

（3）履行勧告書の本文例（代償金の支払いの場合）

当庁令和○年（家イ）第○○号遺産分割調停事件において定められた調停条項第○の代償金の支払い義務があなたにはあります。あなたの支払い義務について，このたび権利者○○○○さんから，支払いが遅れているので支払うよう家庭裁判所から勧告してほしいとの申出があり，当職が担当することになりました。

その金額は○○○万円です（○月○○日時点）。

調停または審判で決まったことは確定判決と同じ効力があり，履行しない（支払わない）場合は，強制執行（給与，資産等の差押え）または過料の処分を受けることがあります。

よって，○月○○日までに履行されるように勧告します。

もし，期限内に履行が困難な場合には，その事情を伺いますので，上記日時までに当職まで電話または書面でご連絡ください。

なお，すでに履行された場合は，送金年月日，金額を当職まで連絡してください。

（4）権利者への連絡書の本文例（金銭の支払いの場合）

あなたから○月○日に申出がありました履行勧告事件について当職が担当することになりました。

義務者○○○○さんに対して，本日，書面で支払いが遅れている○

○○万円を○月○○日期限に支払うよう勧告いたしました。

　入金予定口座の入金の有無を確認してください。なお，銀行等の手続があることから期限日の翌日以降に確認(記帳)するようにお願いします。

　送金があった場合には入金年月日と金額を，送金がなかった場合は入金予定口座の確認日を，必ず当職まで連絡してください。

　連絡がありませんと今後の勧告に支障が生じますのでよろしくお願いします。

4　家庭裁判所調査官について

　家庭裁判所は，遺産分割事件等の家事事件及び人事訴訟事件の処理を通じて夫婦，親子等の親族間の紛争や家庭内の問題の解決を図るほか，非行を犯した少年の更生に向けての審判を行っています。家庭裁判所の機能は法律的な判断をするだけではなく，人間関係の様々な問題や関係者の資質，行動傾向，環境等を総合的に考慮して，最も適切と思われる解決を図ることが求められている点にあります。そのため，家庭裁判所においては，当事者や少年の人間関係及び行動傾向等の問題点を心理学，社会学，教育学，社会福祉学等の専門知識を活用して科学的に解明し，後見的・福祉的機能から当事者や少年に必要な指導，援助を与えることが必要となります。このような機能を担う専門職として調査官が配置されています。

　家事事件への調査官関与について法律の規定では，家庭裁判所は，家事事件手続法等に規定されている家事事件の審理において職権で事実の調査をしなければならず(家事58条1項)，これを調査官にさせることができ(同法58条2項)，調査は必要に応じ，事件の関係人の性格，経歴，生活状況，財産状況及び家庭環境その他の環境等について，医学，心理学，社会学，経済学その他の専門的知識を活用して行うように努めなければならない(家事規則44条1項)とされています。そして，調査官の専門性は一般的には，心理学や社会学等の人間関係及び行動

科学の専門的知見及び面接技法にあるといわれています。実際の調査実務では，①証拠調べや裁判所の事実の調査では十分に事実の資料が収集できない事柄について，その専門的な面接技法を活かして事実の資料を収集したり，調整活動をすること，②収集した事実について専門的知見を活かして科学的な分析を行って，紛争解決につながる妥当性と相当性を有する意見を提出するといったところで発揮されます。それらを活かすということで，家事事件では，子の意向（心情）調査及び監護環境の調査や面会交流の試行，児童虐待など，子に関する調査が行われる事件への関与が調査官関与の主流となっています。一方で，遺産分割事件をはじめとして養育費請求事件や婚姻費用分担事件などのいわゆる経済事件の具体的に金額を算定する調査を行うことは極めて少なくなっています。しかし，経済事件はもちろんのこと家庭裁判所が扱う多くの事件において，当事者の中には社会生活上の困難や紛争の渦中にあって理性的な対応がとれない当事者，自身の考えに固執して家庭裁判所の手続に沿わない態度をとる当事者，原因は様々ですが自身の意向をきちんと表明できない当事者がおられます。このような当事者に対して専門的な面接技法を用いて調査を行うことで，その真意を把握し，理性的な態度で家庭裁判所の手続に円滑に参加するように援助することは重要な調査官活動といえます。このような専門的な面接技法を用いた事実の調査は，家庭裁判所が扱う家事事件全般に有効であると考えられますし，それが家庭裁判所に面接技法等の専門性を有する調査官を配置した意義であると考えられます。したがって，子に関する調査が行われる事件への調査官関与が主流となっていることは当然であるとはいえ，国民への良質な司法サービスの提供という観点からは，家庭裁判所が扱うその余の多くの事件への適切な調査官関与を拡大させる余地があると考えます。

　なお，裁判所のHP（令和5年7月12日時点）には，調査官の家事事件の職務について，「（中略）悩み事から気持ちが混乱している当事者に対しては，冷静に話合いができるように，カウンセリングなどの方法を活用

して心理的な援助をしたり，調停に立ち会って当事者間の話合いがスムーズに進められるようにすることもあります」と説明されています。

また，調査官の最小組織単位は「組」といって，主任調査官と一人または複数の調査官で構成されています。組においては，定期的あるいは臨時に組会議（「組・定例ケース会議」といいます）を実施して組の調査官が担当している事件について，調査手法の点検や調査結果の評価などの検討を行っています。会議では調査範囲や内容に不足はないか，調査報告書の事実の調査結果の記載に誤りがないか，意見の妥当性，相当性が担保されているか等について，複数の調査官で検討します。さらに，事案が複雑なため，単独の調査官では調査及び調査結果の評価または意見形成に困難が伴うときや，調査内容が特に専門的な知見及び技法を必要とするときに複数の調査官による「共同調査」を行って，調査及び意見の精度を高める取り組みが行われています。

5 遺産分割調停事件におけるその他の調査官関与

かつて遺産分割調停事件において調査官関与は主として，○手続選別，○調停期日出席，○調整活動，○出頭勧告・意向調査，○寄与分等の事実の調査，○履行勧告などで関与していました。しかし，先述したように子に関する調査が行われる事件への関与が主流となって，遺産分割事件に対する調査官の関与は次第に減少し，平成12年度では全家庭裁判所の遺産分割件数8,889件のうち調査件数2,340件であったところ，令和2年度は遺産分割件数1万1,303件のうち389件と激減しています（司法統計年報）。特に寄与分の調査と調停支援の継続期日出席は現状ではほとんど行われることはなくなりました。については，すでに記述した「出頭勧告・意向調査」,「調整活動」,「履行勧告」以外の調査官関与について参考までに触れておきたいと思います。

（１）　手続選別

　調査官が遺産分割事件を含む家事調停事件に最初に関与するのは，「手続選別」から始まります。これは家庭裁判所が事件受理した直後に，当該事件の処理において調査官関与の要否，関与形態及び関与時期などを主任調査官等が記録精査のうえで意見を裁判官に具申する手続で，裁判官の調査命令発出に対する「命令補佐」といわれています。

（２）　調停期日出席

　家事事件手続法においては，家庭裁判所は必要があると認めるときは，審判または調停の期日に調査官を出席させることができ，調査官に意見を述べさせることができる（家事59条1項2項・255条）とされています。

　従来の期日出席は調停を円滑に進行させるために調停委員会を支援したり，主体的・解決指向で調停に臨めるように当事者を援助するために継続的に期日出席するという関与が多くありましたが，長期にわたる期日出席になりがちで非効率の弊害があるといった指摘がされました。そのため，現在の期日出席の目的は調査の要否及び調査の内容を判断するためであったり，調査後に期日出席して調査結果を口頭で補充報告するということが主流となっています。調停期日に出席した調査官は，期日出席報告書を作成して提出します。

　また，家庭裁判所では調停委員会の求めに応じて期日当日，急遽調停に出席して当事者及び調停委員から調停進行上の問題点等を聴取して，調査官関与（調査）の要否等についてその場で意見を述べる立会当番調査官を置いています。

（３）　寄与分の調査

　先述したように，経済事件である寄与分調査の受命件数は極めて少ないのが実情となっています。裁判所によっては，①寄与分についての「一般的な説明資料」，②実際の調停で主張されることの多い寄与行

為の類型（家業従事型，金銭等出資型，療養看護型，扶養型，財産管理型）ごとの「説明書」と③当事者に記入させる定型の「主張整理表」の書式を作成していて，寄与分主張者に根拠資料とともに主張整理表の提出を求めています。実際の調停では，その他の資料（準備書面，陳述書等）と併せて調停委員会が寄与行為を整理し，調整することで解決を図っています。

調査官が寄与分の調査を行うのは，代理人弁護士が選任されていない場合，寄与分主張者が高齢等の事情から寄与分の主張が整理したかたちでなされない場合，寄与分の主張当事者が多数にわたり，調停期日の枠内では主張整理や調整が困難な場合などが考えられます。

調査官に寄与分の調査命令が発出されるのは，突然の発出ということはなく，事前に寄与分主張がなされている事件について，寄与分の調査が必要になった時点で先ずは期日出席をして，当事者に調査の説明をすることから始めるのが通常です。

調査は，期日出席場面で当事者に資料提出の必要性等の説明を行うとともに，各当事者との面接日時を設定します。また，関係者（当事者の配偶者，被相続人の主治医，介護施設の職員等）の調査が必要な事案では，その点も含めて説明し協力を得るようにします。基本的には当事者全員と面接調査を行いますが，長年被相続人や他の当事者と疎遠になっていて，寄与行為の存否について不知の当事者には面接調査をしない場合があります。

調査官は，面接の際に各当事者から提出された寄与分主張整理表，準備書面等の資料を精査し，被相続人の出生から相続開始までの当事者等との主な出来事を記載した「生活年表」を作成するとともに，各当事者の寄与分主張とその根拠資料の存否，他当事者の反論などを記載した「寄与分主張一覧表」を作成して面接調査に臨みます。寄与分調査の特徴としては，未成年の子を対象とする調査のように子どもの気持ちに寄り添い，その発する言葉や動作を傾聴・観察して子どもの意向（心情）を確認（推認）するような調査とは違って，寄与主張者の

寄与への思いは丁寧に聴取するにしても，他の当事者の主張との相違点，収集した資料との矛盾点などを指摘して説明を求め，寄与行為の実態等を明らかにしていくことになります。ただ，寄与主張者のなかには，自身の考えに固執して理性的に調査に臨めない当事者もいるので，専門的な面接技法が必要なことは先述の調整活動の場合と同様です。

調査結果は調査報告書として作成しますが，調査官は同報告書に意見を付けることができるとされています（家事58条4項）。事実の調査の結果に基づいて調査官としての寄与の存否について意見を付し，必要に応じて寄与分額を算定して意見を提出します。複雑な寄与分主張（主張が錯綜しているとか，寄与の主張が多数ある場合など）の場合は，調査報告書の他に，調査のために作成した「生活年表」に調査の結果判明した事実等を加えた被相続人の「生活史年表」（被相続人の生活歴，職業・事業の変遷，疾病歴，入院歴，施設入所歴，家族の出来事等を一覧表にしたもの）と，「寄与分整理表」（寄与主張と反論，根拠資料の存否とその名称）を作成して提出します。提出にあたっては，当事者等の調査報告書の閲覧謄写の期間を考慮して次回調停期日の数日前には提出します。

（4）各寄与分類型の調査

寄与分が認められるのは，被相続人の事業に関する労務の提供（家業従事型），財産上の給付（金銭等出資型），被相続人の療養看護（療養看護型），その他の方法により被相続人の財産の維持または増加につき特別の寄与があった場合です（民904条の2第1項）。

各類型の調査の要点及び収集する資料は以下のとおりです。

（ア）家業従事型の寄与分調査

家業従事型の場合，①特別な貢献，②家業従事の必要性，③継続性，④専従性，⑤無償性，⑥被相続人の財産の維持または増加が，寄与分が認められるためには必要ですので，それらの要素を検討できる資料の収集と陳述聴取を行います。

被相続人の事業に無償またはそれに近いかたちで従事したことが必

要ですので，被相続人の会社の決算報告書あるいは個人事業主の確定申告書（青色申告書・白色申告書），給与支払い帳簿，寄与主張者の源泉徴収票，給与明細書，預貯金通帳，被相続人及び寄与主張者の日記等の資料を指定して提出を求めます。

　家業に従事した期間を特定することから始め，長期にわたることが多いので，従事した職務内容と役職，被相続人との仕事上の主従関係の程度，受給していた賃金等について寄与主張者の陳述や日誌，提出された各種資料から特定していきます。この寄与分が認められるためには，無償であるかそれに近い少額であるとか，同業職種，事業規模等と比較して著しく少額であることが必要です。賃金の多寡を比較するには，厚生労働省が作成する「毎月勤労統計」「賃金構造基本統計調査（賃金センサス）」等の資料を用いて検討します。無償かそれに近い少額であったとしても，被相続人から生活費の援助を受けている場合もあるので，その点に留意が必要です。また，専従性の問題もあるので，期間が長期にわたっても労務の内容・頻度が片手間であったかどうかなどにも注意して調査します。

（イ）金銭等出資型の寄与分調査

　金銭等出資型の場合には，①特別な貢献，②無償性，③財産の維持または増加との因果関係が必要です。どのような対象にどのようなものを出資したかにもよりますが，たとえば被相続人が納付すべき税を負担した場合には納税通知書・納付書兼領収書，被相続人所有の家屋の改築等に出資した場合は不動産登記事項証明書，改築費用等の請求書・領収書，介護費用等を負担した場合には，介護費用等の請求書・領収書，債務弁済の費用を出資した場合には，債務の存在を証する資料，返済を証する資料，被相続人に対する事業資金の出資の場合には，被相続人の領収書，その他に被相続人の金銭の受領を証する預貯金通帳，寄与主張者の出資を証する振込明細，預貯金通帳などの提出を求めることが考えられます。

　金銭出資型の場合は，被相続人のために金銭を出資したという客観

的な資料の存在が必要です。また，特別の寄与ですから小遣い程度の少額の支出では認められません。寄与行為の結果として被相続人の財産を維持または増加させていることが必要です。

（ウ）療養看護型の寄与分調査

　療養看護型の場合には，①療養看護が必要な病状及び近親者による療養看護の必要性，②特別な貢献，③無償性，④継続性，⑤専従性，⑥財産の維持または増加との因果関係が必要です。寄与主張者の介護が親族に期待されている程度では特別の寄与とは認められません。無償であるかそれに近い少額の報酬であることも必要です。被相続人が支払うはずであったと考えられる介護報酬と比べて検討します。なお，無報酬あるいはそれに近い状態であった場合でも被相続人の収入・資産によって寄与主張者が生計を維持していたような場合もあるので，寄与主張者の生活状況も十分に調査する必要があります。そして，相当長期間の介護が必要で短期間の介護，仕事の合間などの片手間程度の介護では認められず，また被相続人が支払うべき介護費用の出費を免れたという財産の維持との関係が必要です。

　収集すべき資料としては，被相続人の既往歴の資料，介護が必要となったころからの被相続人の診断書，カルテの写し，介護保険要介護認定結果通知書，ケアマネージャー作成のケアプラン，病院の領収書，介護サービス事業者発行の介護サービス利用票または利用者負担領収書，介護状況が分かる当時の写真，療養看護者の日誌，家計簿等の資料を指定して提出を求めることが考えられます。

　基本的には，被相続人が疾病等により介護が必要であった始期と終期（入院や施設入所していた期間は認められないことが多い）を特定し，寄与主張者が行った介護の内容，無償性等を検討します。寄与分額の算定においては，介護保険制度の要介護度に対応した介護報酬基準額（日額）に介護を行った日数を乗じて算出します。ただし，この額は専門職が行った場合の額であることから，親族間の扶養の要素（介護の内容・程度と生活関係），他の親族による介護の協力の程度，在宅介護サービス

の利用状況などを総合勘案して裁量的に減額することを検討します。

（エ）財産管理型の寄与分調査

財産管理型の場合には，①財産管理の必要性，②特別な貢献，③無償性，④継続性，⑤財産の維持または増加との因果関係が必要です。

典型的な事例として被相続人所有の賃貸用不動産の管理を行った場合があります。財産管理の必要性の問題としては，管理会社に委託している場合には，その必要性は限られると思われ，その一部を手伝った程度では認められません。被相続人の自宅の庭の季節ごとの清掃などは，被相続人との身分関係からして特別の寄与としては認められません。管理行為が無償であるか通常得られるであろう管理報酬に比べて著しく少額であることが必要です。

収集すべき資料としては，不動産登記簿謄本，管理した不動産の賃貸借契約書，当該不動産の管理の金銭出納帳，管理のために寄与主張者が支出したことを証する資料（預貯金通帳等），改築，修繕等を行った場合には，工事の費用を証する資料，日常の管理を不動産管理会社に委託していた場合には，管理会社との契約書，寄与主張者が支出したことを証する資料などの提出を求めることが考えられます。

（オ）扶養型の寄与分調査

扶養型の場合には，①扶養の必要性，②特別な貢献，③無償性，④継続性，⑤財産の維持または増加との因果関係が必要です。

扶養型については，たとえば単に同居して扶養していただけでなく，心身及び経済的に寄与主張者が扶養する必要があったことが求められます。被相続人に相当な収入・資産があるのに，単に同居して日常の家事等の面倒を見ていたとか，短期間の同居や小遣い程度を負担した程度では寄与として認められないことになります。また，生活費を相当程度負担した場合でも被相続人所有の家で同居した場合には，家賃相当額が減額になることがあります。

収集すべき資料としては，被相続人の生活費を負担するなどした場合は，被相続人の収入を証する資料，被相続人の家計簿・預貯金通帳，

寄与主張者が負担した金額・期間を証する資料（預貯金通帳等），被相続人の入院費用等一時的な支出については，その金額を証する受領証等の資料と寄与主張者の預貯金通帳や振込明細等の資料などの提出を求めるが考えられます。

（5）特別受益の調査

　民法では，共同相続人の中に，被相続人から遺贈を受けたり，また婚姻とか養子縁組のため，あるいは生計の資本として，生前に贈与を受けていた者がいる場合には，それは相続分の前渡しを受けたものとして，その者の相続分を減らすことにしています（民903条1項）。

　特別受益は，被相続人から相続人への何らかの財産が贈与された事実があることが前提ですので，贈与の事実の存否が何らかの資料によって認定されることが必要です。これらの事実を証する資料は当事者が積極的に提出することが求められるものです。その存在が認定されれば法律的な特別受益に該当するか否かの判断がなされることから，調査官の調査が行われることはまれなことです。ただ，寄与分と同時に主張されている場合に資料収集等効率的に処理するために調査命令が出る場合や，多数の特別受益の事実の主張がされている場合などに調査命令が出ることがあります。

　事例としては，父親が被相続人で息子三人が相続人の事案で，それぞれが大学生であった時期から相続開始までに被相続人から受け取った金銭や家具等，あるいは被相続人が相続人のために支払った金銭や相続人の子らに対する贈与までも各相続人の特別受益と主張し合って争っている事案がありました。

　その主張としては，各相続人が入学した大学が国立と私立で入学金・授業料に差がある，被相続人の資金で留学した者がいる，結婚式を一流ホテルで行った者と近隣の神社で行った者がいる，各相続人の子どもの大学の入学・卒業祝い金に差がある，各相続人の自宅購入や改築の費用の援助額に差がある，一部の相続人の子は車を買っても

らっているが自分の子はもらっていない等々，その他にも多数の主張をして，各相続人が被相続人の生前に受け取ったほとんどすべての金銭等を精算しようという趣旨のような主張でした。各当事者には代理人弁護士が付いていましたが，特別受益に該当しないものが多々ありました。

特別受益・寄与分の主張は，被相続人と各相続人との関係や，共同相続人間の長い生活関係の中で生じた様々な感情や葛藤（不公平感や被害者意識等）を遺産分割の中で解決（清算）しようとする思いが強く出てしまい，法律に沿わない主張をしてしまう事案が見られます。上記の事例では，調査官の調査が行われましたが，それ以前の段階で調停委員会が特別受益の趣旨を当事者に十分に理解させることが必要であったと思われます。家庭裁判所によっては，特別受益についての法的要件の説明書面と特別受益の代表的なもの（相続人の不動産取得のための金銭の贈与，学費の支出等）について特別受益に該当するか否かを解説した書面を作成し，必要に応じて当事者に配布しています（小田正二・山城司・小林謙介・松川春佳・上野薫・長門久美子『東京家庭裁判所家事第5部における遺産分割事件の運用』判タ1418号31頁等）。

12

相続開始後 10 年が経過した遺産分割等

竹内　亮

事案例 X は平成 23（2011）年に死亡した。X の相続人は子 A 及び B の 2 名で，X の遺産は評価額 4,000 万円の土地のみである。相続人のうち B は X から平成 5（1993 年）年に自宅の建築資金として 1,000 万円の贈与を受けた。X は晩年は多額の現金を有しておらず，A は X が晩年に施設に入所したときに入所費として 1,000 万円を贈与した（ここでは，X から B への贈与，A から X への贈与の事実はあるものとする）。X に遺言書はない。

X の死亡後に AB 間で遺産分割の話合いが少し行われたが，話合いは進まないまま時間が経過していった。その後，A は令和 10（2028）年 5 月に B を相手方として，遺産分割調停の申立てをした。調停の進行において気をつけるべき点はあるでしょうか……①。

X が死亡したのが平成 28（2016）年であった場合，何か違いはありますか……②。

X が死亡したのが令和 4（2022）年であった場合，何か違いはありますか……③。

1　具体的相続分による遺産分割の時的限界について

（1）事実関係

被相続人 X が，平成 5（1993）年に相続人 B に住宅建築資金を贈与し，X は晩年施設に入所した際に相続人 A から入所費 1,000 万円の贈与を受けた。

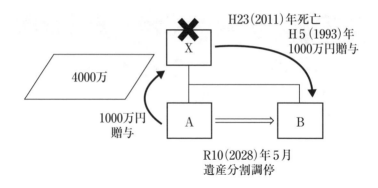

ここでは，X の B に対する贈与が，生計の資本として贈与（903条＝特別受益）にあたり，A の X に対する贈与が，財産上の給付により被相続人の財産の維持または増加について特別の寄与をしたこと（904条の2＝寄与分）にあたることは前提とします。

（2）　当事者の主張

A の主張：X から B への自宅建築資金の贈与と私が X の晩年に出した
　　　　　　施設入所費の贈与を加味して遺産分割を行ってほしい。

B の主張：A の主張には応じられない。

（3）　考え方

（ア）①X の死亡が平成 23（2011）年の場合

結論：遺産分割は，特別受益と寄与分を考慮せず，法定相続分によっ
　　　　て行います。

理由：令和3（2021）年の民法改正により具体的相続分による遺産分割
　　　　に時的限界が設けられました。令和3年の民法改正の施行日は
　　　　令和5（2023）年4月1日で，施行日前に相続が開始した遺産分
　　　　割についても改正後の民法904条の3が適用されます。

　　　　　他方で，具体的相続分による遺産分割に時的限界を設けるこ
　　　　の改正には猶予期間が設けられています。猶予期間の内容は，

施行の日において既に相続開始時から10年を経過している遺産分割については，施行の日から5年を経過する時に具体的相続分による遺産分割を受ける権利が消失します。

①の場合，改正法の施行の日に，相続開始から10年が経過しているため，施行の日から5年間が猶予期間になります。具体的には令和10（2028）年3月31日の経過により猶予期間が満了します。

そうすると，令和10（2028）年5月に遺産分割調停の申立てをした場合は，改正後の民法904条の3が適用されるため，特別受益（民903条），寄与分（民904条の2）は考慮しない法定相続分により遺産分割を行うこととして調停を進行することになります。

（イ）②Xの死亡が平成28年（2016年）の場合

結論：遺産分割は，特別受益と寄与分を考慮せず，法定相続分によって行います。

理由：②の場合，改正法の施行の日には，相続開始から10年を経過していません。10年を経過する日は令和8（2026）年に到来します。

そして，②では相続開始から10年を経過する時よりも施行から5年の猶予期間の終期である令和10（2028）年3月31日の経過の方が遅いため，①と同様に施行から5年の猶予期間が適用されます。したがって，具体的相続分による遺産分割ができるのは，令和10（2028）年3月31日までです。

そうすると，結論としては①と同様に，令和10（2028）年5月に遺産分割調停の申立てをした場合は，改正後の904条の3が適用され，特別受益，寄与分は考慮しないで法定相続分により遺産分割行うこととして調停を進行することになります。

（ウ）③Xの死亡が令和4（2022）年の場合

結論：遺産分割は，特別受益と寄与分を考慮した具体的相続分によっ

て行います。

理由：③の場合，改正法の施行の日には，相続開始から10年を経過していません。10年を経過する日は令和14（2032）年に到来します。

　　　そして，③では相続開始から10年を経過する時の方が猶予期間の終期である令和10（2028）年3月31日よりも遅いため，①及び②とは異なり，猶予期間ではなく本来の期間が適用されます。

　　　したがって，具体的相続分による遺産分割ができるのは，相続開始から10年が経過する令和14（2032）年の応答日までです。

　　　そうすると，結論としては，①，②とは異なり，令和10（2028）年5月に遺産分割調停の申立てをした場合，改正後の民法904条の3の適用はなく，特別受益，寄与分を考慮した具体的相続分により遺産分割行うこととして調停を進行することになります。

（4）　調停進行のあり方

　令和3（2021）年の民法改正は，遺産共有関係の早期の解消をはかる趣旨で導入されました。当事者の一部が，特別受益及び寄与分を加味した具体的相続分による遺産分割を求めたとしても，改正後の904条の3が適用される場面では，法定相続分または指定相続分によって遺産分割がされることになります。

　設例では，特別受益及び寄与分の存否については明確であるとしていましたが，実際には，その存否をめぐって争われることが多いといえます。改正後の民法904条の3が適用される場合は，そのことを早期に当事者に説明して，理解を得た上で調停の進行を図るべきでしょう。特別受益及び寄与分についての話合いをしないことになる場合，結果として，調停が早期に進行することが期待されます。

（1） 所有者不明土地と遺産分割

　令和3（2021）年に民法，不動産登記法の一部改正と相続土地国庫帰属法の立法がありました。これらは，いずれもいわゆる所有者不明土地問題が大きな問題となっていたことを契機として行われた改正ですが，ここでは遺産分割と関係する部分を説明します。

　所有者不明土地とは，不動産登記簿により土地の所有者が直ちに判明しない，または判明しても連絡がつかない土地です。その発生原因は所有者として登記されている人が死亡して相続が発生しているのに，登記が死亡した被相続人のままになっていることが3分の2を占めているとされていました（村松秀樹＝大谷太編著『Q & A 令和3年改正民法・改正不登法・相続土地国庫帰属法』〔きんざい・2022〕3頁）。

　このなかには遺産分割協議がされないままに長期間放置されるものが含まれます。従前，遺産分割にはいつまでに分割をしなければならないという期限がなかったため，特に価値のあまり大きくない不動産等について長期間遺産分割がされないままになっている例も多くみられました。なかには登記名義人の相続に続いて，登記名義人の配偶者や子らの相続が発生し（数次相続），さらに相続が何世代にもわたって発生する等している例もあり，その場合，相続人の数が急速に増えていくことから遺産分割が複雑化することもみられました。

　これに対応するために，具体的相続分による遺産分割に10年の期間制限を設け，それによって，相続人に対しては具体的相続分による遺産分割を求める場合は10年の期間内に行うようにさせるインセンティブを生じさせ，併せて，10年の期間経過後については特別受益と寄与分について考慮しないことにより早期に遺産分割ができるようにということが図られました。

（2）法定相続分（指定相続分）と具体的相続分

　相続が開始すると，遺産は，共同相続人間で遺産共有となりますが，遺産共有の割合は，遺言による指定がなければ，民法の定めるところによります。これが法定相続分です（民900条）。また，相続分は遺言で指定したり，指定を第三者に委託することができます。これが指定相続分です（民902条1項）。

　これに対して，通常の遺産分割では，特別受益（民903条）と寄与分（民904条の2）を考慮して各相続人の相続分が修正されます。この修正された相続分が具体的相続分です。

　設例について，法定相続分による分割と具体的相続分による分割の差異を見てみましょう。

①法定相続分による場合

　Xの遺産は4,000万円の土地のみです。

　AとBの法定相続分はそれぞれ2分の1であるため，A，Bはそれぞれ2,000万円分の遺産を取得します。

②具体的相続分による場合

　遺産分割の時に存在するXの遺産は4,000万円の土地のみですが，それにBに対する特別受益1,000万円を持ち戻し，さらに，Aの寄与分1,000万円を控除します。

　それによって計算されるみなし相続財産は4,000万円です。

　それをAとBに法定相続分（各2分の1）で割り付けるとA，B各2,000万円です。これにBについては特別受益を控除し，Aについては寄与分を加算しますので，A，Bの具体的相続分は，

　B＝2,000万円－1,000万円＝1,000万円

　A＝2,000万円＋1,000万円＝3,000万円

ですので，AとBの具体的相続分の割合は3：1，つまりAが4分の3，Bが4分の1になります。

　そして，土地4,000万円をAとBとが3：1の割合で取得するのでAの取得分は3,000万円，Bの取得分は1,000万円となります。これに

よってBに対する特別受益を加味するとBは実質としては2000万円をXから得ていることになり，Aの寄与分を控除するとAも実質としては2,000万円をXから得ていることになり，公平になります。

（3）　特別受益と寄与分をめぐる争い

遺産分割調停では，特別受益と寄与分について，その事実の存否や特別受益と寄与分の該当性をめぐって争われることが多くあり，調停が長期化する要素の一つです。そして，相続開始から長期間を経ている場合は，特別受益と寄与分に関する資料が散逸したり，各当事者の記憶が失われていったりするため，さらに話合いが困難となる傾向があります。

そこで，特別受益と寄与分を踏まえた具体的相続分による遺産分割を求める当事者に対しては，具体的相続分による遺産分割をすることについて一定の期間制限を設けることにより遺産分割の促進を促し，期間の経過後には調停，審判の手続の早期化及びそのような家庭裁判所の判断が予想されることを前提として当事者間の裁判所外の協議の円滑化を促すことが可能となると考えられます。

類似の状況として，遺産分割調停において，特別受益について家庭裁判所が黙示のものを含む持戻しの免除の意思表示を認める心証を示すことにより，話合いが早期化することは経験するところであると思われますが，法改正は，一定の期間に基づいて同様の効果を生じさせるものといえると思われます。

（4）　具体的相続分による遺産分割の時的限界の内容

以上の経緯で，令和3年改正で導入された具体的相続分による遺産分割の時的限界ですが，相続開始の時から10年を経過した後にする遺産の分割については，特別受益と寄与分についての修正を適用しないとしています（904条の3本文）。

ただし，10年の経過の前に，相続人が家庭裁判所に遺産分割の請求

をしたとき（904条の3ただし書1号）と10年の期間の満了前6か月以内の間に，遺産の分割を請求することができないやむを得ない事由が相続人にあった場合において，その事由が消滅した時から6か月を経過する前に，当該相続人が家庭裁判所に遺産の分割の請求をしたとき（904条の3ただし書2号）については，特別受益と寄与分を考慮した具体的相続分による遺産分割がされます。

　家庭裁判所に遺産分割の請求をしたときとあるのは，遺産分割調停または審判の申立てです。遺産分割調停または審判の申立てをしさえすれば，寄与分を定める処分の調停または審判の申立ては相続開始から10年を経過した後でもよく（ただし，寄与分の審判の申立てについては，家庭裁判所は，遺産分割審判の手続において，1か月を下らない範囲内で，当事者が寄与分を定める処分の審判の申立てをすべき期間を定めることができます（家事193条1項）），また，特別受益の主張についても同様に相続開始から10を経過した後でもすることができます。

　遺産の分割を請求することができないやむを得ない事由は，遺産分割を請求する人ごとに判断されます。相続人がA，B，Cの3人である場合において，Aについて相続開始の10年の期間満了前6か月の期間内に事理弁識能力を欠く状況にあって，かつ，成年後見人が就いていない状態のまま相続開始から10年を経過したような場合（やむを得ない事由がある場合）は，Aに成年後見人が選任された後に当該Aの成年後見人が申立てをすれば具体的相続分によることになりますが，BまたはC（いずれもやむを得ない事由がない場合）が申立てをした場合は，法定相続分または指定相続分によることになります。この例で相続開始10年を経過してからAの成年後見人が申立てをする前にBまたはCが調停審判の申立てを行ったような場合の処理については，Aの成年後見人は，訴訟と異なり，BまたはCの申立てをした調停または審判に重ねて自身で調停または審判の申立てをすることができますので，Aの申立てによる調停または審判とBまたはCの申立てによる調停または審判とについて，家庭裁判所が適切に手続を進行させる（具

体的にはAの申立てに係る調停たまは審判を優先して手続を進行させる）ことに
なるのではないかと思われます。

　やむを得ない事由の具体的な例としては，立法者によれば，先に挙
げた事理弁識能力を欠く状況にあって，かつ，成年後見人が就いてい
ない場合のほか，被相続人が長らく生死不明であったが遺体が発見さ
れ10年以上前に遭難して死亡したことが判明した場合，遺産分割の
禁止の特約，審判がある場合（ただし，遺産分割の禁止については改正法で
期間制限が明文化されました＝後述），相続開始後10年経過後に有効に相続
の放棄がされて相続人になった者がある場合が挙げられています（前
掲・村松＝大谷編著Q＆A249頁）。

（5）調停または審判の取下げの制限

　家事調停の申立てをした当事者は，調停が終了するまで，その全部
または一部を取り下げることができますが（家事273条1項），相続開始
から10年の期間の経過前に申立てのあった遺産分割調停が10年の期
間制限の経過後に取り下げられると，調停の相手方の当事者が具体的
相続分による遺産分割を受けることができなくなるため，民法改正と
併せて家事事件手続法も改正され，調停を相続開始から10年を経過
した後に取り下げるときは，相手方の同意を得なければならないこと
とされました（同273条2項）。遺産分割審判については，相手方が本案
について書面を提出し，または家事審判の手続の期日において陳述を
した後にあっては，相手方の同意を得なければ取下げができないとさ
れていますが（同199条1項が153条を準用），相続開始から10年以内に
遺産分割の審判の申立てがあり，相手方が本案について書面を提出す
る等する以前に相続開始から10年を経過した場合において取下げが
なされると（同82条2項本文），調停の場合と同様に相手方の当事者が
具体的相続分による遺産分割を受けることができなくなるため，審判
についても相続開始から10年を経過した後に取り下げるときは，相
手方の同意を得なければならないこととされました（同199条2項）。

たとえば，令和4（2022）年に相続が開始した遺産分割について，遺産分割調停の申立てが相続開始から10年が経過するより前の令和13（2031）年にあり，調停が係属している間であって相続開始から10年が経過した後の令和15（2033）年に申立人から取下書が提出された場合，その取下げには相手方の同意が必要ということになります。

　なお，相続開始から10年以内に調停または審判が取り下げられた場合，相手方の当事者は，自身で相続開始から10年以内に再度調停または審判の申立てを行うことにより具体的相続分による遺産分割を受けることができますが，10年が経過する直前に取下げがなされると，10年が経過する前に再度，調停または審判の申立てをすることができないことがありえますので，このような場合は，904条の3第2号の10年の期間の満了前6か月以内の間に，遺産の分割を請求することができないやむを得ない事由が相続人にあった場合にあたると解して，家庭裁判所から取下げの通知を受けた時から6か月以内に再度調停または審判の申立てを行えばよいと考えられています（前掲・村松＝大谷編著Q＆A252頁の注参照）。

　なお，取下げに同意を要する規律は，申立て自体が相続開始後10年経過後になされた調停及び審判においても，適用されるものと思われます。

（6）　期間制限についての猶予期間

　具体的相続分による遺産分割の時的限界は，この制度が施行された日である令和5（2023）年4月1日より前に相続が開始した遺産分割についても適用されます（改正法附則3条）。

　ただし，その適用については，一定の猶予期間が設けられました。猶予期間は，相続開始の時から10年を経過する時または施行の時（令和5（2023）年4月1日）から5年を経過する時（令和10（2028）年3月31日）のいずれか遅い時までです（改正法附則3条）。猶予期間の適用は，具体的には，次のようになります。

①相続開始が平成25（2013）年3月31日以前の場合

　この場合は，令和5（2023）年4月1日の改正法の施行の時において，既に相続開始から10年は経過しています。そして，猶予期間が適用され，令和10（2028）年3月31日まで具体的相続分による遺産分割を請求することができます。

②相続開始が平成25（2013）年4月1日から平成30（2018）年3月
　31日までの場合

　この場合は，令和5（2023）年4月1日の改正法の施行の時には，まだ相続開始から10年は経過していませんが，相続開始から10年の時は，令和10（2028）年3月31日までに到来しますので，①と同様に猶予期間の終期である令和10（2028）年3月31日のまで，具体的相続分による遺産分割を請求することができます。

③相続開始が平成30（2018）年4月1日以降の場合

　この場合は，令和5（2023）年4月1日の改正法の施行の時には，まだ相続開始から10年は経過しておらず，相続開始から10年の時は，令和10（2028）年4月1日以降に到来しますので，猶予期間の終期である令和10（2028）年3月31日より，相続開始から10年の時の方が遅くなります。したがって，相続開始から10年の時まで，具体的相続分による遺産分割を請求することができます。

　なお，前述の調停または審判の取下げについて相手方の同意が必要な規律についても，改正法施行の前に相続の開始があった遺産分割について適用があり，猶予期間についても同様に適用されます（改正法附則7条1項）。

　相続開始から10年または猶予期間が経過した後に行われる遺産分割については，特別受益と寄与分を考慮しない法定相続分または指定相続分によることのほかは，通常の遺産分割と同様であり，配偶者居住権の設定等は可能です。

（7）　10年経過後に相続放棄があった場合等

　相続の開始から10年を経過して，相続人の子が有効に相続放棄を
した場合に，被相続人の直系尊属や兄弟姉妹が相続人となった場合は
前述のとおり民法904条の3第2号のやむを得ない事由にあたると考
えられ，新たに相続人となった兄弟姉妹は具体的相続分による遺産分
割を求めることができます。他方で，相続人である子が死亡し，被相
続人の配偶者や孫（二次相続人）が相続人の地位を承継した場合は，二
次相続人は相続人の地位を引き継ぐため，やむを得ない事由があると
はいえません。

　遺産分割の禁止については，改正法において，共同相続人間の合意
による場合と家庭裁判所の審判による場合とを通じて，その終期は相
続開始から10年を超えることができないことが明文で規定されまし
た（908条2項から5項まで）。

（8）　共同相続人間の合意による期間制限の修正

　遺産分割においては，協議，調停においては，合意が成立するので
あれば分割の結果がどのようなものであっても認められます。した
がって，相続開始から10年が経過した後であっても具体的相続分に
よる遺産分割を合意により実現することは可能です（法定相続分とも具体
的相続分と異なる内容でも同様になります）。

　また，相続開始から10年が経過した後において，各当事者が具体的
相続分による遺産分割を求める場合は，家庭裁判所は，具体的相続分
による遺産分割を行うことになると解されています（前掲・村松＝大谷編
著Q & A250頁）。

　ただし，相続開始から10年が経過する前に，10年経過の後におい
ても具体的相続分による遺産分割を行うことをあらかじめ合意してお
くことは，消滅時効の完成前にあらかじめその利益を放棄することが
できないことと同様に許されないと解されています。

（1）　改正等の全体像の概要

　具体的相続分による遺産分割の時的限界を設ける改正は，前述のとおり，いわゆる所有者不明土地問題への対策を契機してなされたもので，令和3年に成立した民法と不動産登記法の改正と新たに相続土地国庫帰属法を設けることによる民事法制の見直しの一部です。

　この民事法制の見直しは，所有者不明土地問題の発生の予防の観点と既に生じている所有者不明土地についての利用の円滑化の観点から，様々な規律を導入しました。

　不動産登記法の改正においては，これまで任意とされてきた相続登記，住所等の変更登記を義務付ける等が行われています。民法等改正（民法以外に非訟事件手続法，家事事件手続法等が改正されています）は民法の相隣関係，共有，財産管理制度及び相続に関する見直しがなされました。

　相続土地国庫帰属法は，新設されたもので，相続によって土地の所有権を取得した者が法務大臣の承認を受けてその土地を国庫に帰属させることを可能にしています。

（2）　遺産共有関係の共有物分割における一元的処理

　これらの法改正中，遺産分割と関係するものとして，既に説明した具体的相続分による遺産分割の時的限界を設ける改正に加えて，遺産共有関係の共有物分割における一元的処理を可能とする仕組みの新設があります。

（3）　遺産分割と共有物分割

　相続によって生じる遺産共有と物権法上の共有とではその解消の手続が異なります。遺産共有についての解消手続は遺産分割であり，物権法上の共有の解消手続は共有物分割ですが，これらが裁判所の手続によって行われる場合，遺産分割については家庭裁判所で（907条2項。

遺産共有関係の解消は遺産分割によるものとした判例として最判昭和62年9月4日家月40巻1号161頁），共有物分割については地方裁判所または簡易裁判所で行われます（民258条1項）。

遺産分割は，不動産以外のもの含めた全ての遺産について一括的処理が可能であること（民907条），特別受益と寄与分を考慮した具体的相続分を基準として分割がなされること（民903条・904条の2），家庭裁判所は遺産分割に際して，遺産に属する物または権利の種類及び性質，各相続人の年齢，職業，心身の状態及び生活の状況その他一切の事情を考慮してこれをするとされていること（民906条），配偶者居住権が設定できること（民1028条1項1号）において，共有物分割と異なっています。

（4）　一元的処理の手続

改正法においても，遺産共有関係は原則として遺産分割手続により分割されることが維持されていますが（民258条の2第1項），例外的に相続開始から10年を経過した場合において，遺産共有関係と物権法上の共有関係が併存するときの遺産共有関係についても共有物分割によって解消することができることとされました（民258条の2第2項本文）。ただし，相続人が異議を述べたときはこの限りでないとされているため，共同相続人全員に異議がない場合に限られます（民258条の2第2項ただし書）。

遺産共有関係と物権法上の共有関係が併存するときというのは，たとえばAとDが共有者である土地についてAに相続が開始し，Aの相続人がB，Cである場合において，相続開始から10年が経過したときは，B，C間の遺産共有関係の解消とB，CとDとの間の物権法上の共有関係の解消を1回の地方裁判所の共有物分割訴訟によって行えるというものです。法改正前はB，C間の遺産共有についてはB，C間の家庭裁判所の遺産分割によって，B，CとDとの間の共有物分割については地方裁判所の共有物分割の手続によって行う必要があ

り，2回の手続を要しました。

　ただし，遺産共有のみで物権法上の共有が存在しない場合（上記の例で土地がB，Cの遺産共有のみでDがいない場合）は共有物分割によることはできません。また前述のとおり，共有物分割訴訟が提起された場合にBまたはCから異議が述べられた場合も共有物分割によることはできません。

　この一元的処理の手続は，通常の共有物分割の手続と同様です。相続開始から10年が経過する前は，原則どおり遺産共有と物権法上の共有を別個に解消することになります。

　上の例で，先に遺産分割の協議や調停が行われて，持分がBまたはCの単独所有になっていたり，遺産分割の結果として持分がBC間の物権法上の共有になっていたりして，その後でB，C，D間で共有物分割が行われるのであれば，通常の共有物分割と同じですが，遺産分割が先行していない場合に共有物分割を先行させたい場合は，初めにB，Cの2名とDとの間で共有物分割をして，B，CとDとがそれぞれ財産を取得し，B，Cに帰属した財産をB，C間で遺産分割をすることになります。たとえば，共有物分割で土地を現物分割した場合は，B，Cが取得した土地を遺産分割対象の遺産として遺産分割を進めます。

　ただし，共有物分割訴訟において，DがB，Cに代償金を支払う代償分割の方法による場合は，DはB，Cに対してどのように代償金を支払えばよいかという問題がありました。これについて判例は，遺産共有持分を有していた者に支払われる賠償金は，遺産分割によりその帰属が確定されるべきものであり，賠償金の支払を受けた者は，遺産分割がされるまでの間これを保管する義務を負うとし，共有物分割事件の係属した裁判所は，遺産共有持分を他の共有持分を有する者に取得させ，その価格を賠償させてその賠償金を遺産分割の対象とする方法による共有物分割の判決をする場合には，その判決において，遺産共有持分を有していた者らが各自において遺産分割がされるまで保管

すべき賠償金の範囲を定めた上で，同持分を取得する者に対し，各自の保管すべき範囲に応じた額の賠償金を支払うことを命ずることができるとしています（最判平成 25 年 11 月 29 日民集 67 巻 8 号 1736 頁）。新設の一元的処理の場合はこのような複雑な処理が必要ないという利点があります。

事　項　索　引

い

遺骨
　——と所有権 …………………… 160
　——の所有権の取得者 ………… 161
遺産
　——の一部分割 ………………… 61
遺産確認訴訟 ……………………… 51
　——から生じた果実 …………… 41
遺産共有 …………………………… 47
遺産分割 …………………………… 60
　——協議 ……………………… 67, 69
　——審判 …………………… 63, 70, 73
　——調停 …………………… 59, 63, 69
　——の対象 …………………… 37
　——前に処分された遺産 ……… 46
一元的処理 ……………………… 243
一部分割 ………………………… 69

お

親子関係不存在確認訴訟 ………… 35

か

可分債権 ……………………… 15, 16, 22
仮処分 …………………………… 73
仮分割 …………………………… 73
換価分割 ………………………… 64
慣習による祭祀主宰者 …………… 174

き

寄与分 …………………………… 63

く

具体的相続分 ………………… 64, 232

こ

公営霊園 ………………………… 183

さ

祭祀財産
　——の承継者 …………………… 154
　——の承継者（取得者）決定方法 … 163
　——の承継者を決める調停の当事者
　　 …………………………………… 156
　家庭裁判所による——の承継者（取得
　　者）の判断基準 ……………… 164
祭祀主宰者 ………………………… 153
　——の指定 …………………… 174
残部分割 …………………………… 65, 68

し

事案解明義務 ……………………… 13
事実解明義務 ……………………… 17
指定相続分 ………………………… 64
指定もしくは慣習について争いがある場
　合 ……………………………… 176
使途不明金問題 ……………… 16, 19, 23
釈明権 …………………………… 71
所有者不明土地 ………………… 235

そ

葬儀費用 …………………………… 44
相続放棄 ………………………… 242
祖先についての祭祀 …………… 160

た

代償財産 …………………………… 49
代償分割 …………………………… 64
短期配偶者居住権 ………………… 1

ち

調停進行のあり方 ……………… 169
賃料 ……………………………… 41

て

手続協力義務 ………………… 13, 17

と

特別受益‥‥‥‥‥‥‥‥‥‥‥‥‥‥‥63
取下げの制限‥‥‥‥‥‥‥‥‥‥‥239

は

配偶者居住権‥‥‥‥‥‥‥‥‥‥‥136
配偶者短期居住権（制度）‥‥‥‥‥3, 6

ひ

被相続人についての祭祀‥‥‥‥‥‥160

ふ

分骨‥‥‥‥‥‥‥‥‥‥‥‥‥‥‥171
墳墓の所有権と遺骨の所有権‥‥‥‥163

へ

弁護士照会‥‥‥‥‥‥‥‥‥‥‥15, 18

ほ

法定相続分‥‥‥‥‥‥‥‥‥‥64, 233
保全処分‥‥‥‥‥‥‥‥‥‥‥‥‥73
墓地
　——使用権の承継‥‥‥‥‥‥‥184
　——と祭祀財産‥‥‥‥‥‥‥‥183
　——の使用権‥‥‥‥‥‥‥‥‥183
　民営の——‥‥‥‥‥‥‥‥‥‥184
民法906条の2‥‥‥‥‥‥‥‥‥‥48

よ

預金債権‥‥‥‥‥‥‥38, 61, 64, 72

れ

令和3年改正民法‥‥‥‥‥‥‥‥‥243

判 例 索 引

昭和 24 年～49 年

大阪高決昭和 24 年 10 月 29 日家月 2 巻 2 号 15頁 ···156
最判昭和 29 年 4 月 8 日民集 8 巻 4 号 819頁 ·······························16, 21, 39, 56, 78
最判昭和 30 年 5 月 31 日民集 9 巻 6 号 793頁 ·······························27, 33, 34, 78
長野家裁伊那支部審昭和 38 年 7 月 20 日家月 15 巻 10 号 146頁 ·······················182
大阪家審昭和 40 年 6 月 28 日家月 17 巻 11 号 125頁 ·······································65
最大決昭和 41 年 3 月 2 日民集 20 巻 3 号 360頁 ··············26, 30, 32, 50, 57, 88, 104
最判昭和 41 年 5 月 19 日民集 20 巻 5 号 947頁 ··8
東京家審昭和 42 年 10 月 12 日判タ 232 号 246頁 ···179
大阪高決昭和 46 年 12 月 7 日家月 25 巻 1 号 42頁 ···70
東京家審昭和 47 年 11 月 15 日家月 25 巻 9 号 107頁 ···································67, 69
福岡家柳川支部審昭和 48 年 10 月 11 日家月 26 巻 5 号 97頁 ······················156, 179
東京家審昭和 49 年 3 月 25 日家月 27 巻 2 号 72頁 ···································93, 105

昭和 50 年～62 年

福岡家柳川支部審昭和 50 年 7 月 30 日家月 28 巻 9 号 72頁 ·····························175
最判昭和 51 年 3 月 18 日民集 30 巻 2 号 111頁 ·····································101, 106
東京高決昭和 51 年 4 月 16 日判タ 347 号 207頁 ·····································94, 106
大阪家審昭和 51 年 11 月 25 日家月 29 巻 6 号 27頁 ·······························67, 88, 103
最判昭和 53 年 7 月 13 日集民 124 号 317頁 ··83
最判昭和 54 年 2 月 22 日裁判集民事 126 号 129頁 ·····························14, 21, 47, 57
大阪高決昭和 59 年 10 月 15 日判タ 541 号 235頁 ·····································171, 172
最判昭和 61 年 3 月 13 日民集 40 巻 2 号 389頁 ·······························27, 33, 51, 58
東京地判昭和 62 年 4 月 22 日判タ 654 号 187頁 ···162
長崎家諫早出張所審昭和 62 年 8 月 31 日家月 40 巻 5 号 161頁 ·························175
最判昭和 62 年 9 月 4 日家月 40 巻 1 号 161頁 ···244
東京高判昭和 62 年 10 月 8 日判タ 664 号 117頁 ·································162, 163, 175

平成元年～10 年

最判平成元年 3 月 28 日民集 43 巻 3 号 167頁 ···28, 33
最判平成元年 7 月 18 日家月 41 巻 10 号 128頁 ·································162, 170, 175
大阪高決平成 2 年 9 月 19 日家月 43 巻 2 号 144頁 ·······································115
宇都宮家栃木支部審平成 2 年 12 月 25 日家月 43 巻 8 号 64頁 ······················88, 104
最判平成 3 年 4 月 19 日民集 45 巻 4 号 477頁 ·······················97, 106, 203, 205
東京高判平成 3 年 7 月 30 日判時 1400 号 26頁 ·····································195, 204
福岡家久留米支部審平成 4 年 9 月 28 日家月 45 巻 12 号 74頁 ·························116
東京高決平成 5 年 7 月 28 日家月 46 巻 12 号 37頁 ···································13, 20
山口家萩支部審平成 6 年 3 月 28 日家月 47 巻 4 号 50頁 ···························98, 106
東京高決平成 6 年 8 月 19 日判タ 888 号 225頁 ·····································166, 172

福岡家裁小倉支部審平成 6 年 9 月 14 日判タ 913 号 172頁··················177
最判平成 7 年 3 月 7 日民集 49 巻 3 号 893頁··················88, 104
高松高決平成 8 年 10 月 4 日家月 49 巻 8 号 136頁··················117
高知地裁平成 8 年 10 月 23 日判タ 944 号 238頁··················174

平成 8 年～19 年

最判平成 8 年 12 月 17 日民集 50 巻 10 号 2778頁··················8
熊本家審平成 10 年 3 月 11 日家月 50 巻 9 号 134頁··················13, 21
最判平成 10 年 3 月 24 日民集 52 巻 2 号 433頁··················203
最判平成 10 年 6 月 11 日民集 52 巻 4 号 1034頁··················190
京都地判平成 10 年 9 月 11 日判タ 1008 号 213頁··················100
東京家審平成 12 年 1 月 24 日家月 52 巻 6 号 59頁··················175
名古屋高決平成 12 年 4 月 19 日家月 52 巻 10 号 90頁··················14, 21
最判平成 12 年 5 月 1 日民集 54 巻 5 号 1607頁··················163
広島高判平成 12 年 8 月 25 日判タ 1072 号 229頁··················154
奈良家裁審平成 13 年 6 月 14 日判タ 1096 号 102頁··················172
最判平成 13 年 7 月 10 日民集 55 巻 5 号 955頁··················76
最判平成 16 年 4 月 20 日裁判集民事 214 号 13頁··················39, 56
東京地判平成 15 年 11 月 17 日家月 57 巻 4 号 67頁··················93
東京地裁平成 15 年 11 月 17 日家月 27 巻 2 号 72頁··················105
最判平成 16 年 4 月 20 日集民 214 号 13頁··················39
最高裁平成 16 年 10 月 29 日判決民集 58 巻 7 号 1979頁··················86
名古屋地判平成 16 年 11 月 5 日民集 62 巻 1 号 71頁··················100
最判平成 17 年 9 月 8 日民集 59 巻 7 号 1931頁··················42, 56
東京高決平成 17 年 10 月 27 日家月 58 巻 5 号 94頁··················87, 90, 103
大阪高堺支部決平成 18 年 3 月 22 日家月 58 巻 10 号 84頁··················87, 103
名古屋高決平成 18 年 3 月 27 日家月 58 巻 10 号 66頁··················87, 103
東京高決平成 18 年 4 月 19 日判タ 1239 号 289頁··················164
福岡高決平成 19 年 2 月 5 日判時 1980 号 93頁··················162
大阪高決平成 19 年 12 月 6 日家月 60 巻 9 号 89頁··················90
最決平成 19 年 12 月 11 日民集 61 巻 9 号 3364頁··················26

平成 21 年～30 年

最判平成 21 年 1 月 22 日民集 63 巻 1 号 228頁··················18, 25
東京高決平成 22 年 9 月 13 日家月 63 巻 6 号 82頁··················131
東京高判平成 23 年 8 月 3 日金融法務事情 1935 号 118頁··················25
松江家審平成 24 年 4 月 3 日家月 64 巻 12 号 34頁··················156, 179
最判平成 25 年 11 月 29 日民集 67 巻 8 号 1736頁··················246
札幌高決平成 27 年 7 月 28 日判時 2311 号 22頁··················116
大阪高決平成 27 年 10 月 6 日判タ 1430 号 142頁··················116
大阪家審平成 28 年 1 月 22 日判タ 1431 号 244頁··················156, 157, 161, 162
最大決平成 28 年 12 月 19 日民集 70 巻 8 号 2121頁··················16, 22, 38, 55, 61, 72, 78
最判平成 29 年 4 月 6 日裁判集民事 255 号 129頁··················16, 22
最判平成 29 年 4 月 6 日裁判集民事 255 号 129頁··················22

最判平成 29 年 4 月 6 日判時 2337 号 34頁 ·· 61, 72
横浜家川崎支部審平成 29 年 5 月 31 日判例秘書登載 ··································· 125
大阪高決平成 30 年 1 月 30 日判タ 1455 号 74頁 ································· 171, 173

令和２年～
東京地判令和 2 年 1 月 28 日ウエストロー・ジャパン 2020 WLJPCA01288005 ···· 90, 105

【編著者紹介】（2023 年 11 月 1 日現在）

松原　正明（まつばら・まさあき）
　日比谷ともに法律事務所弁護士，元横浜家庭裁判所部総括判事，元
　早稲田大学大学院法務研究科教授　担当　第 1 項
　著作：『全訂 2 版　判例・先例　相続法 I〔日本加除出版・2020〕，
　　　　II〔同・2022〕ほか多数

常岡　史子（つねおか・ふみこ）
　横浜国立大学国際社会科学研究院教授　担当　第 4 項
　著作：『NOMIKA 親族・相続法〔第 3 版〕』〔共著，弘文堂・2020〕，
　　　　『家族法』〔新世社・2020〕ほか多数

【執筆者】（執筆順）

近藤　ルミ子（こんどう・るみこ）
　緑川・北代法律事務所弁護士　担当　第 2 項

清水　節（しみず・みさお）
　柳田国際法律事務所弁護士　担当　第 3 項

浦木　厚利（うらき・あつとし）
　浦木法律事務所弁護士　担当　第 5 項

佐野　みゆき（さの・みゆき）
　野田記念法律事務所弁護士　担当　第 6 項

大森　啓子（おおもり・けいこ）
　フローラ法律事務所弁護士　担当　第 7 項

長森　亨（ながもり・とおる）
　馬場・澤田法律事務所弁護士　担当　第 8 項

加藤　祐司（かとう・ゆうじ）
　加藤祐司法律事務所弁護士　担当　第 9 項

青竹　美佳（あおたけ・みか）
　大阪大学高等司法研究科教授　担当　第 10 項

鈴木　裕一（すずき・ゆういち）
　元広島地方裁判所首席家裁調査官　担当　第 11 項

竹内　亮（たけうち・りょう）
　鳥飼総合法律事務所弁護士　担当　第 12 項

相続調停

2023（令和 5 ）年12月30日　初　版 1 刷発行

編著者　松原　正明・常岡　史子
発行者　鯉渕　友南
発行所　株式会社　弘文堂　101-0062　東京都千代田区神田駿河台 1 の 7
　　　　　　　　　　TEL 03(3294)4801　　　振替 00120-6-53909
　　　　　　　　　　https://www.koubundou.co.jp

装　幀　後藤トシノブ
印　刷　三報社印刷
製　本　井上製本所

ISBN978-4-335-35964-4

━━━━ 実務の技法シリーズ ━━━━

〈OJTの機会に恵まれない新人弁護士に「兄弁」「姉弁」がこっそり教える実務技能〉を追体験できる、紛争類型別の法律実務入門シリーズ。未経験であったり慣れない分野で事件の受任をする際に何が「勘所」なのかを簡潔に確認でき、また、深く争点を掘り下げる際に何を参照すればよいのかを効率的に調べる端緒として、実務処理の「道標（チェックポイント）」となることをめざしています。

- ☑ 【ケース】と【対話】で思考の流れをイメージできる
- ☑ 【チェックリスト】で「落とし穴」への備えは万全
- ☑ 簡潔かつポイントを押さえた、チェックリスト対応の【解説】
- ☑ 一歩先へと進むための【ブックガイド】と【コラム】

会社法務のチェックポイント　市川　充＝安藤知史　編著
美和　薫＝吉田大輔 著　　　　　　　　　　　A5判　2700円

債権回収のチェックポイント〔第2版〕　市川　充＝岸本史子　編著
國塚道和＝嵯峨谷厳＝佐藤真太郎 著　　　　　A5判　2500円

相続のチェックポイント　高中正彦＝吉川　愛　編著
岡田卓巳＝望月岳史＝安田明代＝余頃桂介 著　A5判　2500円

交通賠償のチェックポイント〔第2版〕　高中正彦＝加戸茂樹　編著
荒木邦彦＝九石拓也＝島田浩樹 著　　　　　　A5判　2800円

破産再生のチェックポイント　高中正彦＝安藤知史　編著
木内雅也＝中村美智子＝八木　理 著　　　　　A5判　2700円

建物賃貸借のチェックポイント　市川　充＝吉川　愛　編著
植木　琢＝小泉　始 著　　　　　　　　　　　A5判　2800円

労働法務のチェックポイント　市川　充＝加戸茂樹　編著
亀田康次＝軽部龍太郎＝高仲幸雄＝町田悠生子 著　A5判　2800円

離婚のチェックポイント　高中正彦＝岸本史子　編著
大森啓子＝國塚道和＝澄川洋子 著　　　　　　A5判　2800円

裁判書類作成・尋問技術のチェックポイント
高中正彦＝加戸茂樹＝市川　充＝岸本史子＝安藤知史＝吉川　愛＝寺内康介 著
　　　　　　　　　　　　　　　　　　　　　A5判　2500円

弁護士倫理のチェックポイント
高中正彦＝加戸茂樹＝市川　充＝安藤知史＝吉川　愛 著　A5判　2900円

※表示価格（税別）は2023年5月現在のものです。